약속

약속

이용규

규장

내려놓음과
하나님의 약속의 성취

첫 책 《내려놓음》에서 고백했던 내려놓음의 삶을 선교 현장에서 살아내려고 씨름하면서 지내왔다. 네 자녀를 키우고, 공동체를 만들고, 학교를 세우고 운영하기 위한 크고 작은 부담과 책임을 기꺼이 지고 가는 중이다.

망할 것 같은 상황이지만 하나님의 약속을 신뢰하며 그 길에서 견고히 머물러야 했던 시간이 있었다. 하나님께서는 내가 기쁨과 평안 가운데 그때를 넉넉히 지나가길 원하셨다. 그 과정을 지나면서 하나님이 예비하신 놀라운 은혜를 경험하는 축복을 누릴 수 있었다. 여전히 하나님은 신뢰할 만한 분이시며, 우리는 그분만으로 안전하고 만족할 수 있음을 경험으로 확인했다. 그 이야기를 후배 사역자 그리고 하나님을 더 알아가고자 애쓰는 성도에게 들려주어 힘을 실어주는 것이 이 시대에 필요하다고 생각했다.

　이 글은 가장 먼저 현실의 벽 앞에서 좌절하는 성도에게 하나님의 부르심과 약속을 상기시키는 데 목적이 있다. 또한 이 세상 가운데 하나님나라를 확장하기 위해 고군분투하다가 지친 이들을 다시 세우기 위해 쓴 것이기도 하다. 이십 년 동안 선교지에서 몇 번의 큰 변화를 통해 하나님을 찾고 뒹구는 시간을 겪고 나니, 그분의 인도하심과 약속의 성취에 대한 경험을 나눌 수 있게 되었다.

　그런 의미에서 이 글은 성도와 교회 사역자를 위한 멘토링의 목적도 있다. 세미나를 몇 차례 하며 질의응답 시간에, 선교지에서 내게 멘토가 되어준 사람이 있는지 질문을 받았다. 물론 내게 영감을 주고, 닮고 싶은 삶의 모델이 되어준 사람이 분명히 있었다. 하지만 내가 어려움의 한복판에서 의견을 구하려고 찾아갈 사람을 떠올리면 좀처럼 생각나지 않았다. 함께 교제할 영적 선배를 가까이 둘 상황도 아니었고, 적극적으로 누군가를 찾지도 못했던 것 같다.

　나는 현장에서 뒹굴며 어려울 때마다 하나님만 바라볼 수밖에 없었다. 그리고 기도와 묵상 가운데 하나님나라의 원리를 되새기며, 그분이 원하시는 모습과 자세가 무언지를 스스로 찾아야 했다. 어찌 보면, 하나님과 공동체 그리고 아내가 내 상담자 역할을 해주었다. 더 나아가 나를 위해 중보해 주는 무명의 기도자들이 그 역할을 대신했다.

멘토에 관한 질문을 받다 보니, 신앙 안에서 삶을 개척하고 사역하는 사람일수록 가까운 누군가에게 자기 인생의 방향과 걸음에 대해 새로운 관점으로 조명받고, 또 조언을 듣는 것이 필요하다는 생각이 들었다. 그들에게 내 경험이 도움이 되면 좋겠다는 바람이 이 책을 펴낸 하나의 동기가 되었다.

사람마다 부르심이 다르고, 하나님과 교제하며 성장하는 방식도 다르다. 그리고 하나님은 창의성의 근원이시기에 각자에게 당신의 뜻을 각기 다르게 드러내신다. 그래서 내게 통한 방식이 다른 사람에게는 통하지 않을 수 있다. 내 삶의 정황에서 하나님의 인도하심을 받은 이야기가 당신에게 똑같은 방식으로 적용되지는 않을 것이다.

하지만 그렇게 다른 경험을 하면서도 믿음 안에서 같은 곳을 바라보는 형제자매들이 하나님께서 인도하시는 삶의 공통적인 특징을 깨닫고, 같은 하나님을 경험하기도 한다. 집회 중에 《내려놓음》을 읽은 분들을 자주 만나는데,

많은 사람이 내 책에서 자신의 이야기를 발견했다고 고백했다. 우리가 삶의 이야기를 담은 신앙 서적에서 은혜를 받는 이유는, 거기서 자기 삶에 대입되는 지점을 만나기 때문이다. 그래서 많은 사역자가 내게 이런 나눔을 한다.

"선교사님이 그 글에서 제 이야기를 풀어가신다고 느꼈어요."

결국 나는 그들의 대변인으로서 그들이 경험한 하나님의 은혜를 내 삶의 이야기에 빗대어 풀어냈고, 그것이 그들에게 은혜의 눈물을 흘리게 한 이유임을 깨달았다.

나는 교회 안에서 내가 할 수 있고, 좋아하는 봉사를 하면서 살았다. 내 삶은 교회와 학교를 중심으로 돌아갔다. 하나님께서 기도에 응답해 주시는 체험도 했고, 그분이 내 생활과 태도를 관찰하신다는 사실도 알았다. 하지만 여전히 크고 작은 죄의 유혹에 넘어지고, 세상 논리에 따라 살려고도 했다. 어찌 보면, 지극히 나 중심으로 살면서 무언가를 할 때도 내게 어떤 유익이 있는지를 먼저 확인했다. 공부밖에 할 줄 아는 게 없어서 계속 공부에 집중하여 엘리트 코스를 밟으며 이십 대 초중반을 보냈다.

그러다가 '전공을 떠나고 고향을 떠나라'라는 하나님의

도전에 반응하여 의지할 곳 없는 환경에서 하나님을 바라보면서 삶에 조금씩 선한 변화와 성장이 일어났다. 하나님의 계속되는 도전과 약속이 내 삶에 찾아왔다. 그리고 그에 대한 내 믿음의 반응과 기다림 그리고 인내의 여정 가운데 조금씩 하나님께서 기뻐하시는 자로 살고자 하는 갈망이 자라났다. 내 삶의 지향과 열심은 사라지고, 하나님의 뜻이 내 안에서 이루어지기를 바라게 된 것이다.

부르심과 약속에 반응하는 삶은, 나를 예전과 다른 모습으로 바꾸었고, 내가 생각할 수 없던 영적 성장과 깨달음을 선물했다. 여러 권의 책을 쓴 것이 베스트셀러가 되었고, 많은 사람이 하나님께 헌신하고 믿음의 반응을 하도록 돕는 설교를 할 기회를 얻었다. 그러면서 선교지에서 대학교와 초중고교 등의 교육기관을 세워 많은 제자를 길러내는 일에 쓰임 받았다.

물론 나는 여전히 유약하고 넘어지기 쉬운 존재다. 아직 마음에 굳고 단단한 멍울들이 있다. 그럼에도 하나님에 대한 경험적 지식이 쌓이면서 누군가를 위로하고 권면할 수 있는 존재로 성장하고 있음을 본다. 그러면서 비로소 사람을 바꾸는 건 사람이 아니라 하나님의 열심으로 되는 일임을 깨닫는다.

그 삶의 변화 과정이 창세기에 나오는 믿음의 조상 아브라함에게서도 보인다. 또한 하나님께 쓰임 받은 성경 속 인물들에게서 공통으로 나타나는 모습이다. 이 글은 믿음의 선배인 아브라함의 이야기를 한 축으로, 하나님의 부르심을 받은 사람의 삶과 사역 현장에서 공통으로 요구되는 믿음과 기다림 그리고 내려놓음의 헌신이 어떻게 하나님의 약속의 성취로 이어져 가는지에 대한 것이다. 하나님께서 우리를 부르신 자리에서 우리에게 약속을 주시고, 그것을 이루기까지 기다리게 하시며, 믿음과 순종을 요구하시는 이유와 과정도 다룰 것이다.

　또한 아브라함의 순종과 믿음의 희생을 통해 그가 받은 약속이 실현된 이야기가 그저 한때 아브라함이라는 한 개인의 경험이 아니라, 지금도 계속되는 크리스천의 삶의 패턴임을 내 이야기와 옆에서 목격한 간증을 통해 나누고자 한다.

　나는 이 글에서 신앙인의 삶의 원칙을 제시하지 않는다. 신앙의 원리를 배우는 건 매우 중요하지만, 그것을 안다고 우리 삶에 변화가 바로 일어나지 않을 수 있다. 우리 세대를 포함해서 이전 세대는 교회에서 주로 신앙의 의지적

측면을 강조하는 걸 보아왔다. 교회는 윤리적인 당위성을 강조하며 "~하라"라는 도전과 명령을 우리에게 주었다. 그런 메시지가 필요했고, 그것이 기능했던 시기가 있었다.

그러나 오늘날 그런 명제들이 청중의 삶에 곧바로 변화를 일으키지 못하는 경우를 본다. 예를 들어 "기뻐하라"라는 설교를 들으면 기쁨의 중요성을 이해하고 동의할 수는 있지만, 곧바로 가정과 일터에서 평안과 기쁨의 삶을 사는 건 또 다른 문제다. 답을 몰라서 우리 삶이 바뀌지 않는 게 아니기 때문이다. 신앙에서 의지적 결단과 지적인 깨우침이 너무나 중요하지만, 그것만으로 변화가 일어나기에는 우리 현실이 그리 만만하지 않기 때문이다.

따라서 "~하라"라는 메시지가 우울감에 빠진 우리 자녀 세대에게는 의미 없는 메아리로 들리는 경우가 많다. 내 아이 중 내가 설교할 때면 조는 아이가 있었다. 다음에는 졸지 말라고 아무리 당부해도 아이는 계속 졸았다. 자기도 왜 그러는지 모르겠다고 말했다.

어떤 사람들은 그것을 축사(逐邪)의 문제로 보기도 한다. 하지만 나는 하나님께서 나를 훈련하시기 위해 아이를 사용하시는 허락된 시간으로 생각했다. 결국 청중 중 수많은 사람이 귀를 닫고 졸고 있는 상황을 주님 안에서 고민하고 기도하며 어떻게 대응할 것인지를 훈련하는 과정으로 이해했다.

　나는 이 훈련을 통해 내면에서 자연스러운 깨달음과 이해와 공감이 일어나야만, 자신을 바꾸고자 하는 열정도 일어난다는 걸 깨달았다. 이 책에서 나누는 다양한 정황 속 삶의 이야기를 통해 독자의 마음 가운데 하나님의 약속을 기대하고, 기다리고, 반응하고자 하는 열망이 일어나기를 소망한다.

차례

프롤로그
인트로 14

부르심과 기다림   PART 1

1장 기근과 약함 가운데

나그네 삶의 부르심 24 / 기근, 결핍 그리고 아픔 29 / 이리떼 가운데 보내시는 이유 33 / 미련하고 약한 자를 택하심 39 / 기다려야 알게 되는 것들 46 / 헌신에 대한 답 54

2장 약속을 기다림

방패가 되신다 60 / 상급이 되신다 68 / 사람의 노력으로 이룰 수 없는 약속 74 / 약속을 친히 이루시다 78 / 파도 위에 오르기 81

약속을 꼭 이루시는 하나님   PART 2

3장 사역의 장벽과 돌파의 기적

답이 없는 상황 88 / 상황적 어려움 90 / 건강의 위협 94 / 체류 허가의 장벽 97 / 재단 운영의 고비 102 / 기독 초중고교가 세워지다 105

4장 JIU 설립 과정에 나타난 기적들

캠퍼스 건축을 도우시다 115 / 재정과의 싸움 119 / 주변 환경의 놀라운 변화 126 / 허가의 관문을 통과하다 130

5장 계속되는 도전과 돌파

인력 확보 과정에서 경험한 기적 134 / 학생 모집의 도전 136 /
사역자 공동체를 만드는 도전 143 / 종합대학교로 가는 길 153 /
믿음으로 약속의 성취를 보다 158

기다림과 내려놓음
그리고 예비된 은혜   PART 3

6장 내려놓음과 예비하심

약속의 성취 과정과 우리의 순종 168 / 내려놓음이 요구되는 이유
173 / 예비하심의 은혜 185 / 먼저 일하시는 하나님 188 / 중층적
예비하심의 섭리 193

7장 약속을 품고 사는 삶

약속이 이루어지는 방식 199 / 예수 그리스도를 통한 약속의 성취
203 / 은총을 받아 선택된 삶의 도전 205 / 하나님의 복과 부담의
역설 208 / 모세의 짐 210 / 싫어도 할 수 없어 216 / 웃으며 짐을
지는 것 218 / 달란트의 의미 223 / 그래도 우리가 나아갈 수 있
는 이유 228 / 역사의 가장 어두운 순간에도 230 / 다시 선택해도
이 길뿐 234 / 하나님으로 만족하는 삶 235

8장 기도 가운데 응답을 바라며 사는 삶

약속을 찾고 붙잡는다는 것 239 / 가족 구원 약속의 성취 244 /
당대에 이루어지지 않는 약속 256

에필로그
감사의 글

아브라함과
우리 모두가 받은 약속

약속과 기다리는 삶

2024년 8월부터 우리 가족은 인도네시아 사역 중 두 번째 안식년을 가졌다. 내 영과 몸이 하나님 안에서 쉬는 시간이 필요함을 느꼈다. 댈러스 뱁티스트 유니버시티(Dallas Baptist University) 초청으로 댈러스 지역에서 일 년간 지내기로 했다. 댈러스에 정착해서 세미한교회에서 예배할 때, 떠오른 단어가 있었는데 '약속'이었다.

실은 댈러스의 한인 밀집 지역에 거주지를 정하고 정착하느라 분주하던 어느 날, 우리가 집을 구한 곳이 '헤브론'(Hebron) 지역이라는 사실이 예사롭지 않게 다가왔다. 마침 셋째 아이가 다니게 된 학교 이름도 '헤브론 고등학교'였다. 자주 다니는 집 근처 도로명도 '헤브론 파크웨이'였다.

헤브론은 아브라함과 이삭이 머물며 하나님의 약속을 기다리다가 묻힌 그 땅의 이름이었다. 후에 가나안 정복 시기에 갈렙이 "이 산지를 내게 주소서"라고 요청하며 믿음 안에서 유업으로 달라고 한 곳이 바로 헤브론이었다. 그 후 헤브론 산지는 유다 지파의 정착지가 되었다. 다윗이 사울 왕의 죽음을 듣고, 왕국을 건설할 때가 왔다고 생각하여 하나님께 갈 곳을 여쭈었을 때, 가게 하신 지역도 헤브론이었다. 거기서 다윗은 이스라엘 왕국의 기초를 세웠다. 헤브론은 믿음의 조상들이 하나님이 약속을 이루어 주시기를 기다리던 땅이었다.

'그렇다면 하나님께서 나를 이 지역에 머물게 하신 게 우연이 아니고 어떤 메시지가 있지 않을까?'

내게는 이곳에 머물며 하나님의 약속에 대해 묵상하라는 의미로 다가왔다.

뒤돌아보니, 몽골에서 팔 년과 인도네시아에서 십삼 년, 그 이십여 년의 선교 사역은 '하나님의 약속'이라는 주제로 풀어야 이해될 수 있는 부분이 있었다. 인도네시아에서 나와 공동체가 경험하는 자카르타국제대학교(Jakarta International University, 이하 JIU)를 중심으로 한 지금의 사역은 하나님의 일방적인 약속과 그 약속을 이루어 가시는 그분의 열심 외에는 다른 말로 설명하기가 어렵다.

'약속'이란 단어를 떠올릴 때, 가장 먼저 생각나는 성경 속 인물은 아브라함일 것이다. 그의 삶을 관통하는 중심 주제는 하나님의 약속 또는 언약 그리고 그것을 기다리는 삶이다. 하나님께서 특정(特定)하신 성경 인물에게 주신 구속사적인 약속을 신학적으로 '언약'이라는 단어로 표현한다. 하지만 이 글에서는 그 단어보다는 일반인이 쉽게 이해할 수 있는 '약속'을 쓰려고 한다. 이 글은 그리스도를 통해서 완성된 구속사적인 언약에 대해 다루는 것이 아니다. 우리 각자에게 성경을 통해 주시는 하나님의 약속이 우리 삶 가운데 이루어지는 과정에 대한 개인적 묵상과 경험을 풀어냈다.

아브라함이 하나님의 부르심을 받고 본토와 친척과 아버지의 집을 떠나서 하나님께서 인도하실 땅으로 떠날 때, 하나님은 그에게 특별한 복을 약속해 주셨다. 땅과 자손 그리고 동행에 대한 것이었다. 아브라함의 예에서 보듯 하나님의 부르심은 약속과 같이 간다.

하나님의 언약은 일방적이었다. 아브라함이 하나님께 약속을 구하지 않았는데 일방적으로 복의 약속을 주셨다.

사실 그 복의 실체는 당시 아브라함으로서는 다 이해하기 힘든, 크고 놀라운 것이었다. 그리고 그 약속을 이루기 위해 아브라함이 할 일은, 그저 자기에게 익숙한 환경에서 떠나 하나님께서 지시하시는 방향으로 나아가는 것뿐이었다. 그렇게 그는 자기 자손이 유업으로 받을 가나안 땅으로 들어갔고, 이후 헤브론 땅에서 하나님의 약속을 기다리며 살았다.

돌아보면, 내 삶에도 하나님께서 여러 번에 걸쳐 떠나게 하시는 과정이 있었다. 우리 가정은 지금까지 십여 차례 이삿짐을 쌌고, 나라를 바꾸는 이사만 아홉 번을 했다. 하나님은 내 전공 분야를 떠나게 하셨고, 내가 바랐던 경력의 현장에서 떠나게 하셨고, 또 몽골에서 인도네시아로 사역지를 옮기게 하셨다. 그리고 환경 면으로도 언어와 문화, 사고방식, 종교적 신념, 기후대 등의 변화를 극에서 극으로 경험하게 하셨다.

모든 변화의 여정 가운데 여전히 하나님의 신실하신 인도하심과 보호하심을 누릴 수 있었던 것이 놀라울 따름이다. 나와 가족은 하나님만으로 평안을 누림이 어떤 것인지를 실제로 맛보아 알 수 있었다.

어떤 독자는 '하나님의 약속 안에 거한다'라는 것이 대체 어떤 의미인지 물을 것이다. 자신은 하나님의 약속을 받은 적도, 하나님의 음성을 들은 적도 없다고 말할지 모른다. 그러나 하나님은 우리 인생을 디자인하시고 특별한 계획을 세우시며 각자에게 약속을 주신다. 어떤 약속은 커 보이고, 어떤 약속은 작아 보일 수 있다. 또 어떤 사람은 약속을 받았는지조차 인식하지 못하고, 어떤 부르심 가운데 있는지 몰라 고민하기도 한다. 그리고 어떤 사람은 하나님의 약속을 자신이 이루어드려야 한다는 열심으로 애쓰다가 지치고 낙담하기도 한다.

하나님은 이미 성경을 통해 우리가 하나님의 백성이 될 때 주어지는 약속이 무엇인지를 알려주셨다. 성경에는 수많은 약속이 나온다. 구속사적으로는 임마누엘, 그리스도의 성육신, 십자가 구속, 부활 그리고 재림의 약속이 인류에게 주어졌다. 또한 하나님나라를 유업으로 받은 성도 모두가 이미 받은 약속이 있다. 자녀로의 부르심, 성령의 동행하심, 죽음 이후의 부활과 구원 그리고 영원한 삶과 하나님나라를 선물로 받았다. 그 외에도 성경에는 하나님께서 우리에게 주신 특별하고 놀라운 축복의 약속이 가득하다.

한편, 하나님께서 우리를 자녀로 부르시면서 우리 각자에게 주시는 고유한 약속이 있다. 그런데 문제는 하나님께서 명확한 목소리로 "내가 네게 이러이러한 약속을 준다"라고 알기 쉽게 말씀하시지 않는다는 것이다.

특히 우리 세대의 교회는 한동안 하나님의 약속에 대한 소망을 잃고 살아온 것 같다. 무거운 현실의 짐에 눌려 버겁게 살아가는 탓에 예배 때 표정도 그리 밝지 않은 걸 자주 본다. 이전 세대에는 하나님을 믿으면 주어지는 축복에 관한 이야기가 강단에서 자주 선포되었다. 경제적으로 어려운 시기를 거치며 하나님을 믿으면 지금보다는 나은 삶을 살 거라는 기대가 교회 안에 있었다. 암울한 현실 속에서도 '들어가도 복을 받고, 나가도 복을 받는' 축복 설교를 통해 희망을 품었다.

내가 어렸을 때, 어머니가 잠자리 머리맡에서 '떡 반죽 그릇에 가루가 마르지 않고 기름병에 기름이 떨어지지 않는 축복'을 달라고 기도했던 걸 기억한다. 그 세대에게는 무엇보다 경제적 축복의 약속이 절실했을 것이다.

그런데 어느 정도 경제가 성장하자, 오히려 행복감을 잃어버리는 현상이 일어났다. 신앙의 문제에서 더 본질적인 부분을 고민하기 시작했고, 교회가 가진 기복적인 신앙에 대한 건강한 반성이 있었다. 하나님과의 관계를 무조건적 사랑에 기초하는 것으로 보기보다 '기브 앤 테이크' 관계로 환원시킨 것에 문제의식을 갖게 된 것이다.

복을 받기 위해 내가 무언가를 해서 하나님을 기쁘시게 하려는 의도가 있는 신앙과 하나님의 약속을 바라는 신앙은 다르다. 물론 그런 마음을 갖는 것 자체는 하나님의 마음에 합한 것이고, 그분이 기뻐하시는 일임이 분명하다. 하지만 내 필요를 채우기 위해 하나님의 눈치를 보는 선에서 멈추면, 하나님과 우리 사이에 관계의 성장은 일어나지 않는다.

중요한 건 '동기'인데, 기복신앙의 문제는 그 동기가 내가 원하는 것을 이루지 못할 수 있다는 불안에 근거한다는 데 있다. 하나님께 잘 보이려는 행위는 종교적으로는 거룩해 보이지만, 실은 이기적인 동기, 즉 자신의 풍요와 안정을 얻어내고 싶은 욕구가 배후에 있다. 따라서 기복신앙은 하나님의 넉넉하고 후히 주시는 성품에 대한 이해에 근거한 믿음이라기보다는 자신의 욕구와 필요에 기반을 둔다.

하나님은 우리 존재 자체를 기뻐하신다. 따라서 우리가 무언가를 더 잘해서 그분을 기쁘시게 하는 게 아니다. 아브라함이 하나님의 명령에 순종해서 믿음으로 고향과 아버지 집을 떠나는 결단을 한 행위가 하나님의 약속을 소유할 근거가 된 건 분명하다. 그러나 그의 약함과 실수가 하나님의 약속을 소멸하지 못했다. 그의 행위와 반응에 따라 받은 약속이 더 커지거나 더해지지도 않았다. 이것은 하나님이 조건 없이 주시는 은혜의 선물이었다.

한편, 우리 세대의 한국 교회에서는 기복신앙을 극복하려는 노력이 지나쳐, 하나님이 우리에게 약속하시는 복에 대한 기대조차 버리는 상황이 벌어졌다. 이는 마치 목욕통의 물을 버리다가 아기까지 버려버리는 것과 같다. 오늘날 교회들이 하나님의 부르심에 반응하는 인생에 그분께서 주시는 약속과 성취에 대한 기대를 함께 잃어감을 본다. 그러나 부르심에 대한 반응은 있는데, 약속의 성취에 대한 기대를 잃으면 사역은 건조하고 메마르며, 기다림은 고통의 한숨이 된다.

약속을 바라며 살아가는 삶에는 기다림과 인내와 고통의 시간이 패키지로 함께 간다. 그 시간을 통과하면서 하나님에 관해 배우고, 믿음이 성장하며, 인격의 성장과 관계의 성숙으로 이어진다. 아브라함에게 약속을 주시고, 그를 여러 상황 가운데 빚어가신 하나님의 마음과 의도가 어떤 것인지 깊이 들여다보는 여행을 같이 떠나보자.

PART 1

부르심과
기다림

1장

기근과 약함 가운데

성경을 여러 가지로 정의할 수 있지만, 나는 '나그네 삶의 이야기'라고 말하곤 한다. 성경에는 수많은 나그네 이야기가 나온다. 예수님도 고향인 아버지 집을 떠나 이 땅에서 나그네 생활을 하시며 머리 둘 곳 없는 삶을 사셨다. 그 시작은 예수님의 육신의 조상인 아브라함부터였다. 아브라함 이전 사람들도 떠나는 삶을 살았다. 에덴동산을 떠난 아담과 하와, 땅에서 유리 방랑했던 가인, 배를 타고 떠돌았던 노아, 바벨탑을 세우다가 쫓겨난 사람들 모두 '죄' 때문에 떠나는 인생이었다.

하지만 아브라함을 기점으로 하나님께서는 '믿음'으로 떠나는 삶을 요구하신다. 그 후 성경에 나오는 하나님이 사용하신 인물은 '부르심' 때문에 안정적 터전을 떠나는 삶을 살았다. 심지어 하나님께서는 한 민족 전체를 이주하게 하신다. 모세를 사용하셔서 이스라엘 민족을 이집트에서 광야로, 그다음 가나안으로 이주하게 하신다. 유대 왕국이 하나님을 거역하고 죄 가운데 있었을 때, 하나님은 다시 바벨론 제국을 사용하셔서 유대 왕국 백성들을 바벨론 제국으로 이주시키셨고, 거기서 다시 그들의 고토(古土)로 되돌리시기도 했다.

신약 시대에 들어와서 예수님의 제자들은 모두 고향을 떠나 선교지에서 순교로 생을 마무리했다. 고향에 머물러 살다가 죽은 인생이 없었다. 그리고 로마제국 이후에도 하나님은 동일한 방식으로 사람들을 부르시고, 열방 가운데 흩으시며 하나님나라를 확장하셨다.

아일랜드의 성인 패트릭(Patrick)은 열여섯 살에 납치되어 노예로서 아일랜드로 끌려가서 목동으로 살았던 것 때문에 아일랜드 복음화의 시조가 되었다. 성 니노(Nino)는 갑바도기아의 그리스어를 사용하는 로마인 가정에서 태어났으나, 전쟁포로가 되었다가 도주해서 조지아로 들어가 왕비의 시녀로서 왕비를 치유함으로 조지아를 복음화했다.

울필라스(Ulfilas)는 그리스어권 크리스천 가정 출신인데, 고딕족에게 납치되어 다뉴브 유역에 머물러 그들을 전도하는 사도로 불렸으며, 최초의 고딕어 성경을 번역한 인물이기도 하다. 하나님께서는 이 외에도 수많은 사람을 부르셔서 고향을 떠나게 하시고, 소명을 주시며, 약속 가운데 그들을 사용하셨다.

이 시대에도 남미와 아프리카와 아시아의 수많은 크리스천 이민자가 중동과 선진국으로 들어가 교회를 세우면서 역(逆) 선교의 시대를 열어가고 있다. 우리가 볼 때는 약하고 보잘것없는 사람들을 사용하셔서 그들에게 하나님의 특별한 사명을 주신다. 중동권의 필리핀인 교회, 인도에서 중동권으로 이주한 도마교회 성도, 워싱턴 DC의 에티오피아 교회, 보스턴의 브라질 교회, 휴스턴의 나이지리아 교회, 우크라이나 키예프에 있는 선데이(Sunday Adelaja) 목사의 교회 등 수많은 예를 보았다.

하나님께서는 또한 평양 대부흥 이후 조선 민족을 북간도와 만주로 흩으셨고, 하와이와 로스앤젤레스를 포함하여 미주와 중남미로 보내셨다. 나는 전 세계 가운데 하나님께서 흩어진 자들을 사용하셔서 그분의 놀라운 일을 이루어가시는 현장을 목격했다. 시베리아에 흩어진 고려인이 공산 치하에서도 극적으로 하나님을 만나 사업을 통해 현지 교회를 돕고 섬기는 예도 보았다.

그런가 하면 하나님께서는 이 시대에 마음이 가난해진 난민들 가운데 복음의 통로를 만들어 주시기도 한다. 이집트에는 현재 중동권 전쟁으로 팔레스타인, 예멘, 시리아, 남수단의 난민들이 들어와 있고, 그들을 대상으로 놀라운 사역이 이루어지고 있다. 하나님께서 '집 떠난 사람들'을 통해 지경을 확장하시는 방법은, 아브라함 시대 이후 반복적으로 확인되는 그분의 사역 패턴이다.

하나님께서는 택하신 인물을 아무도 의지할 수 없는 환경으로 끌고 들어가서서 위기 상황으로 몰아가신다. 그 가운데 하나님을 경험하고 의지하는 삶을 살게 하시며, 그를 통해 그 땅과 사회에 그분의 영향력과 복을 흘려보내신다.

여호와께서 아브람에게 이르시되 너는 너의 고향과 친척과 아버지의 집을 떠나 내가 네게 보여줄 땅으로 가라 내가 너로 큰 민족을 이루고 네게 복을 주어 네 이름을 창대하게 하리니 너는 복이 될지라 창 12:1,2

고향과 친척과 아버지의 집을 떠나면 안전을 담보하지 못한다. 주변 사람들의 눈치를 보며 살아야 한다. 그리고 부모로부터 오는 재정적 도움도 포기해야 한다. 그렇게 떠나는 아브라함에게 하나님은 복을 약속하신다.

나도 아브라함을 떠나게 하신 하나님을 경험했다. 전공 공부를 위해 미국으로 떠났고, 또 전공을 중국사에서 중동 지역학으로 바꿔야 했으며, 내 직업의 기회를 포기하고 몽골로 떠났고, 다시 인도네시아로 떠나야 했다. 새로운 환경으로 떠나는 일이 쉽지만은 않았지만, 그 과정에서 말할 수 없는 하나님의 특별한 은혜를 경험했다.

그리고 하나님 당신 자신이 복이라는 사실을 고백하게 되었다. 또한 그 복을 나의 복으로 받기 위해 먼저 내 삶의 중요한 기초라고 믿었던 안전장치로부터 떠나야 함도 배웠다.

고향과 친족을 떠난다는 건 영적인 의미도 있다. 자신의 안전지대에서 벗어나 더 이상 내일 일을 예측할 수 없는 상황으로 들어가는 것이다. 거기서 하루하루 필요한 물질을 공급하시고, 보호하시며, 채우시는 하나님을 만난다. 그런 의미에서 우리가 고향 땅에 발을 딛고 있을지라도, 직업, 전공, 가치관, 삶을 의지하는 관계를 떠나야 하는 상황을 통해 아브라함의 하나님을 만나고, 그의 복과 약속을 소유할 수 있을 것이다.

기근, 결핍 그리고 아픔

아브라함이 부르심의 땅으로 순종해 들어가 처음 만난 건 그 땅의 기근이었다. 그의 눈에는 기근을 맞은 가나안 땅이 결코 풍요로운 약속의 땅은 아니었을 것이다. 할 수 없이 그는 기근을 피하려고 이집트로 거처를 옮겼다. 그곳에는 큰 나일강이 있어 비가 오지 않아도 농사를 짓는 데 어려움이 없었다. 당시 아브라함은 하나님께서 자신을 왜 풍요로운 이집트가 아닌 팔레스타인 지역으로 보내셨는지 이해할 수 없었을 것이다.

모세가 이스라엘 백성을 데리고 이집트에서 탈출하여 가나안을 향해 떠날 당시, 성경은 그들이 들어갈 지역을 "젖과 꿀이 흐르는 땅"으로 묘사한다. 이는 풍요를 약속하는 땅으로 들리지만, '목축과 양봉에 적합한 건조지대'라는 의미도 있다. 즉 나무가 자랄 정도의 강수량이 안 되어 주로 풀만 자라는 초지나 광야가 다수 분포한 지역이다. 꿀은 양봉을 의미하기도 하지만, 야자나무의 대추야자 열매를 지칭하기도 한다. 야자나무는 사막에 둘러싸인

오아시스 지역에서 자란다.

어찌 보면, 아브라함이 들어간 가나안 땅은 거대 농경 문명을 세우기에는 장애가 많은 자연환경이었다. 신명기에 나오는 모세의 설교에 그가 이런 환경을 잘 이해하고 있음이 나타난다.

> 네가 들어가 차지하려 하는 땅은 네가 나온 애굽 땅과 같지 아니하니 거기에서는 너희가 파종한 후에 발로 물 대기를 채소밭에 댐과 같이 하였거니와 신 11:10

아브라함이 살았던 메소포타미아 지역은 유프라테스와 티그리스, 두 큰 강을 끼고 문명이 발생했다. 아브라함이 가나안의 기근을 피해 들어간 이집트는 나일강을 끼고 농경이 발달했다. 건조 지역이어도 강물로 밭에 관개하고, 노예 노동과 관개 설비를 활용하여 농업 생산력을 안정적으로 유지했다. 따라서 하늘에서 내리는 비와 상관없이 농사할 수 있는 환경이었다.

하지만 가나안은 전혀 달랐다. 그곳은 "산과 골짜기가 있어서 하늘에서 내리는 비를 흡수하는 땅"(신 11:11)이었다. 가나안의 토질은 사암과 석회암이 많아, 비가 오면 물이 땅으로 바로 스며들었다. 그래서 강이나 호수가 만들어지지 않고, 지하수를 구하기도 어려웠다. 물을 모아두기가 쉽지 않아서 하늘에서 내리는 비만 의존해 농사해야 했다.

5월 중순에서 여름 동안 건기가 지속되기에 10월 중순에서 겨울 사이 오 개월의 우기에 맞춰, 보리와 밀 농사를 지을 수 있었다. 10월에 시작되는 비가 '이른 비'인데, 그 비가 내려야 파종할 수 있었다. 4월 말쯤 내리는 비가 '늦은 비'인데, 이 비가 와야 작물이 익었다. 그래서 하나님께서 때맞춰 비를 내려주셔야만 수확이 가능했다.

그래서 "네 하나님 여호와께서 돌보아 주시는 땅"(신 11:12)은 '하나님이 비를 내려주셔서 생계를 유지할 수 있는 땅'이라는 해석이 가능하다. 하나님이 비를 약속해 주시는 것이 가나안에서 젖과 꿀이 흐르는 풍요를 누리는 전제 조건이었다.

광야의 삶이 매일 하나님이 공급하시는 만나와 메추라기에 의존했다면, 가나안의 삶은 비록 창고를 짓고 곡식을 쌓아둘 수는 있지만, 적어도 일 년에 두 번은 하나님이 내려주시는 이른 비와 늦은 비를 기대하며 생존을 그분 손에 의존해야 했다.

광야의 삶과 가나안의 삶은 믿음 훈련의 강도 차이가

있어서 의존 주기는 달랐지만, 하나님께 의존할 필요만큼은 동일했다. 하나님이 축복으로 예비해 주신 땅은 실은 하나님이 생존의 조건을 책임져 주셔야 생계를 기약할 수 있는 삶의 터전이었다.

우리는 때로 스스로 돈을 번다고 착각하지만, 하나님이 때를 따라 내리는 비를 약속해 주셔야 얻을 것이 있다. 가나안에서는 농부가 열심히 밭을 일굼과 동시에 하나님이 내려주시는 비에 의지하며 살아갔다. 아브라함은 이런 건조지대에서 목축했고, 가축을 위한 물을 확보하기 위해 우물을 깊게 팠다. 그는 '지구라트'(메소포타미아나 엘람의 주신에 바쳐진 성탑) 같은 자신의 위대함을 드러내는 건축물을 쌓는 메소포타미아 문명을 떠나, 눈에 드러나지 않는 우물을 파며 하나님의 인도하심을 의지하여 살아가야 했다.

그런데 그곳 생활의 출발점에서 뜻하지 않은 기근을 만나자 아브라함은 견디지 못하고 이웃 나라 이집트로 들어갔다. 거기서 아내의 아름다움으로 인해 자신이 살해당할 위험 때문에 두려움을 느끼고 아내를 누이라고 말하는데, 이것이 문제가 되어 실제로 아내를 빼앗길 뻔한 상황에 빠졌다. 그는 자기 생존을 위해 아내를 포기하는 비겁하고 나약한 모습을 드러냈다.

비슷한 상황이 그의 일생에서 한 번 더 반복되었다. 아마도 기근 때문이었는지 이집트와 경계인 그랄 땅으로 갔다가 또 그랄 왕에게 아내를 빼앗길 위험에 처했다. 그 상황 가운데 하나님은 또 아브라함과 그의 아내 사라를 구출해 주셨다. 그의 약함을 나무라지 않으시고, 감싸주시며 보호하셨다.

이리떼 가운데 보내시는 이유

하나님은 우리를 복의 통로로 사용하시기 전에 결핍과 기근과 연약함으로 씨름하는 음침한 골짜기로 인도하신다. 아브라함에게 펼쳐진 이 상황은 사실 믿음의 자녀의 삶 가운데 일종의 패턴처럼 나타난다. 주님을 따라가는 여정에서 '나는 정말 아무것도 할 수 없다'라고 느끼는, 굉장히 나약한 결핍의 상태에 내버려질 때가 있다. 선교지에서 이 같은 경험을 반복하며, 내 안에 하나님께 이런 의문이 있었다.

'예수님이 제자들을 전도 사역으로 보내실 때, 양을 이리떼 가운데 보내는 것 같다고 말씀하시는데, 좀 완벽한 팀을 구성해서 든든한 후원을 받고 멋있게 능력을 보이며 사역할 수 있게 해주시면 얼마나 좋을까! 왜 하나님은 우리를 비실비실한 양처럼 만드시고 으르렁거리는 사나운 이리 떼 속에 밀어 넣곤 하실까! 이리가 한 번 으르렁대기라도 하면 어쩔 줄 모르고 두려워 숨는 양의 모습으로 어떻게 사역이 가능할까!'

실제로 많은 지역에서 선교사가 경찰이나 이민국 직원이 오면 일단 도피해야 하는 상황을 겪는다. 비자가 때맞춰 나오지 않아 힘들기도 하고, 말씀을 전하는 것 자체가 불법인 나라도 많아서 큰 어려움에 처한다. 교통사고가 나면 상대의 실수여도 내가 물어줘야 하는 경우도 많다. 잘못 없이 멱살 잡히기도 하고, 곤경에 빠져 간절히 누군가의 도움을 구해야 하는 상황도 생긴다.

내가 원하는 때와 하나님이 공급하시는 때의 간격이 있는 것처럼 보여서 질문이 생겼다.

'왜 하나님은 항상 없는 가운데 무언가를 시작하게 하실까? 미리미리 채워주시고 종잣돈이라도 갖고 시작하게 하시지, 왜 늘 숨이 꼴딱꼴딱 넘어갈 지경이 돼야 공급해 주시는 걸까? 왜 우리는 결핍의 시간을 꼭 지나야 할까?'

그러나 계속되는 하나님의 공급하심과 때에 맞는 도우심을 경험하면서, 그런 방식이 나를 훈련하기에 가장 적합

했음을 깨달았다. 선교지에서의 가장 중요한 깨달음은 하나님께서 내가 완전함과 능력과 자격을 갖춰서 선교지로 부르신 게 아니라는 사실이다. 도리어 내 결핍 때문에 하나님을 의지하게 되고, 그분의 방법을 배운다.

하나님은 아브라함의 연약함과 실수를 여러 차례 보셨지만, 한 번도 그를 나무라신 적이 없다. 오히려 그때마다 찾아오셔서 당신의 약속을 상기시키신다. 하나님의 약속 성취를 위해 아브라함이 더 노력하고 잘해야 할 필요가 없었다. 하나님이 그에게 바라신 건, 그분의 선물과 약속을 계속 바라며 인내와 소망 가운데 그 땅에서 일상을 살아내는 것이었다. 나머지는 약속하신 하나님의 몫이었다.

나는 무거운 부담 속에서 버거워하며 막막하던 중에 이것을 이해하고 자유를 경험했다.

'그래, 잘할 필요 없이 그저 소망을 갖는 것만으로, 나는 여전히 안전하고 망하지 않을 거야.'

나를 막아선 거대한 장벽 앞에서 이 결단이 나를 절망의 수렁으로부터 빠져나오게 했다.

돌아보면, 사역의 영역에서 내가 잘할 수 있는 걸로 쓰임 받아본 적이 그다지 없다. 언젠가 집회를 마치고 교회에서 인사를 나누던 중에 한 남자 성도가 내게 와서 자기를 알아보겠냐며 인사했다. 곰곰이 생각해 보니, 군 복무할 때 후임이던 형제였다. 당시는 교회에 다니지 않았던 것으로 기억하는데, 교회에서 만나니 반가웠다. 그가 말했다.

"선배님이 복무 중 쉬는 시간이면 선교에 관한 이야기를 많이 하고, 언젠가 선교지에 도움 되는 일을 하고 싶다고 자주 말했는데, 결국 그대로 되었네요."

그때 깨달았다.

'아, 내가 선교에 헌신하기 훨씬 전부터 선교지에서 하나님을 섬기고 싶은 마음이 있다고 말하고 다녔구나.'

하나님은 나의 그 바람을 기억하시고 사용하셨다. 실은 내가 학부 논문 주제와 석사 논문 주제를 '중국 무슬림의 역사'로 잡은 이유도 중국이 열리기 시작하는 시기에 여전히 복음에 소외된 미전도 종족과 회교도를 향한 전도의 필요성을 마음 한편으로 느끼고 있어서였다.

당시엔 그저 교수가 되어 틈틈이 방학 등을 이용해 선교지에 가서 내가 거들 수 있는 걸 하거나 강의로 돕고 싶은 바람이 있었다. 그러나 주인을 섬기려면 주인이 원하는 방식대로 섬겨야 한다. 내 방식을 고집하는 건 섬김이 아니다.

나는 선교지에서 줄곧 내가 자신 없어 하는 부분을 사용하시는 하나님을 경험했다. 남 앞에서 설교하는 걸 생각지도 못했는데, 하나님은 나를 순회 설교자로 세우셨다. 그리고 발표 때마다 원고를 붙들고 하길 원하는 나를, 원고 없이 설교해야 하는 상황으로 몰아가셨다. 신학교도 나오지 않았고, 안수도 받지 못했는데 계속 설교단 위에 세우셨다.

《내려놓음》을 쓰기 전까지는 교회에서 말씀 나눌 일이 있으면, 주로 수요예배나 금요예배 간증자로 세우셨다. 그런데 어느 시기가 되니, 한국 교회에 수요예배나 금요예배 참석률이 현저히 떨어지면서 가능한 한 사람들이 많이 들을 수 있으면 좋겠다는 교회의 바람 때문에 주일예배 설교에 서는 일이 많아졌다. 심지어는 목회자 세미나에 강사로 초청받기도 했다. 그런데 강사로서 자격을 갖추지 못한 내가 오히려 목회자가 아니기에 경쟁이나 비교 대상이 아니어서 목회자들의 마음을 열 수 있고, 그들에게 새로운 관점과 경험을 제공할 수 있다는 걸 발견했다.

하나님은 내가 선교 훈련도 미처 받지 못한 채로 장기 선교사의 길을 걷게 하셨다. 필요한 훈련은 선교지에서 구르며 궁금할 때마다 책으로 해결해야 했다. 심지어 후원도 충분히 모으지 못하고 갔는데, 다른 선교사를 후원하는 삶을 살게 하셨다. 하나님은 사람과의 교제를 힘들어하고 혼자 있어야 에너지가 채워지는 내성적인 나를, 많은 사람을 만나야 하는 삶으로 인도하셨고, 공동체 리더 자리에 세우셨다. 또한 중고등학교 시절 글쓰기나 독후감, 일기 쓰기 숙제를 제일 싫어했는데 책 쓰는 저자의 길로 부르셨다.

내가 가장 편하게 잘할 수 있다고 생각하는 학문적 연구로 쓰임 받기를 기대했지만, 그렇게 되지 않았다. 한번은 싱가포르에서 경영대학교 교수로 있는 형제의 가정에 초대되어 대화를 나눈 적이 있다. 그가 내게 말했다.

"선교사님은 지금 학자의 언어가 아니라, 사업가의 언어를 갖고 있네요. 선교사님이 학문적 훈련을 받은 분이기에 의외라는 생각이 들어요."

학자는 데이터와 사실 여부를 중시하며 근거를 바탕으로 대화를 풀어간다. 하지만 당시 내 이야기는 현실에서 실현 가능한 계획이기보다 앞으로 될 일에 대한 막연한 비전이었다고 한다. 그런 면에서 학자의 면모가 아닌 몽상가의 모습으로 비춰졌던 것 같다. 이는 선교지의 필요에 반응하는 과정에서 내 체질이 바뀐 탓이었다.

내가 이렇게 쓰임 받으리라고는 삼십 대 초반까지도 상상할 수 없었다. 돌아보니, 하나님나라의 사역은 내가 애써서 만들어 가는 게 아니었다. 그저 되어져 가는 것이었다. 그래서 힘을 뺀 상태에서 내 방식을 내려놓고, 사역의 방식과 방향 그리고 결과를 하나님께 맡겨드려야만 이 길을 즐겁게 갈 수 있다.

누군가가 우스갯소리로 "내려놓음을 실천하기 위해 부담스러운 교회 사역을 내려놓으려 한다"라고 말한 적이 있다. 그런데 진짜 내려놓음은 사역 자체를 내려놓는 게 아니라, 사역의 방식과 결과 또는 사역의 부담을 하나님께 맡기는 것이다. 우리가 하나님이 기뻐하시는 길을 가면, 그분이 친히 일하시기 때문이다.

미련하고 약한 자를 택하심

내가 인생 말씀으로 평생 묵상하는 몇 구절이 있다. 그중 하나가 고린도전서 1장 26-29절이다.

형제들아 너희를 부르심을 보라 육체를 따라 지혜로운 자가 많지 아니하며 능한 자가 많지 아니하며 문벌 좋은 자가 많지 아니하도다 그러나 하나님께서 세상의 미련한 것들을 택하사 지혜 있는 자들을 부끄럽게 하려 하시고 세상의 약한 것들을 택하사 강한 것들을 부끄럽게 하려 하시며 하나님께서 세상의 천한 것들과 멸시받는 것들과 없는 것들을 택하사 있는 것들을 폐하려 하시나니 이는 아무 육체도 하나님 앞에서 자랑하지 못하게 하려 하심이라

유학 시절, 한 집회에 참석하여 이 말씀을 받았다. 강사인 크리스 해리스 목사님은 온누리교회에서 파송한 영국 선교사였다. 그가 유학생과 교민 대상 집회에서 말씀을 전한 후, 한 사람씩 기도해 주었다. 그때 각자에게 하나님이 떠오르게 하시는 성경 장 절을 말해주었다.

우리 부부도 말씀을 받으러 앞으로 나갔다. 당시 아내는 씨름하던 문제가 있어서 그 주제에 적합한 말씀을 받길 기대했다. 그런데 고린도전서 2장 9절 말씀이 주어졌다.

기록된바 하나님이 **자기를 사랑하는 자들을 위하여 예비하신 모든 것**은 눈으로 보지 못하고 귀로 듣지 못하고 사람의 마음으로 생각하지도 못하였다 함과 같으니라

아내는 이 구절이 자신의 현실과 어떻게 연결되는지 이해하지 못해서 자기가 원했던 내용이 아니라며 실망했다. 그리고 다음날 집회에 일부러 옷을 바꿔 입고 갔다. 그런데 말씀이 끝난 다음에 다시 줄 서서 기도 받는데, 목사님이 똑같은 구절을 주시는 게 아닌가!

결국 좀 더 묵상해 보자 했지만, 그때만 해도 말씀에서처럼 '하나님이 나를 위해 예비하신 것'이 정말 있는지 자신이 없었다. 왠지 남에게 하신 말씀 같았다. 그런데 오랜 시간이 지난 후, 선교지에서 사역의 시작과 마무리를 반복하여 경험하면서 우리는 정말 눈으로도 보지 못하고, 귀로도 듣지 못한 하나님의 예비하심을 만질 수 있었다. 하나님께서 그때 그 말씀을 주신 이유는, 아내가 아직 다 이해하지 못해도 가정과 사역 가운데 하나님이 무언가를 예비하셨다는 사실을 먼저 믿음으로 받고 살아가기를 원하셨기 때문일 것이다.

당시 아내는 내게 주어진 고린도전서 1장 26-29절 말씀을 보면서 말했다.

"여보, 이 말씀도 당신하고 안 맞는 것 같아요. '문벌 좋은 자가 많지 아니하도다' 하셨는데 일단 당신은 세상 기준으로 보면 학벌이 좋잖아요. 그리고 지혜 없는 사람 같지도 않고, 약하거나 멸시받는 사람도 아니고. 당신이 이 말씀과 어떻게 연결되는지 잘 모르겠어요."

하지만 사실 나는 이 말씀을 통해 위로를 얻었다. 왜냐하면 유학 갈 때 전공을 바꿔서 박사과정에 들어갔기에 같이 입학한 사람 중에서 가장 준비가 안 된 상태였다. 또 새로 기초를 쌓기 위해 공부해야 하는 양도 많아 참 버거웠다. 내가 할 수 있는 건 별로 없다고 생각했고, 전체 학년에서 내가 가장 무능해 보였다. 정말 하나님을 의지하지 않으면 안 되는 상황이었다.

만약 전공을 바꾸지 않고 들어갔다면, '이 분야에서 나만큼 아는 사람이 누가 있어!' 하면서 기고만장했을 것 같다. 그런데 전공이 바뀌어 '난 참 모자라고 준비되지 않은 사람이다'라는 심정이었기에 하나님께서 이 말씀으로 위로해 주셨다고 생각했다. 당시는 이 정도가 내가 묵상할 수 있는 전부였다.

앞서 말했듯, 이 년 동안 선교지에서 섬기겠다고 서원하고 몽골에 들어갔을 때, 나는 아무것도 준비가 안 된 선교사였다. 그런데 도착하자마자 전 사역자였던 같은 선교회 소속 선교사님을 대신해 몽골 현지인 교회인 이레교회를 맡아 그 주부터 설교해야 했다. 그리고 주중에는 몽골국 제대학교에서 교수로 사역했다.

당시 교인들을 보면 너무 미안했다. 몽골어가 안 되니까, 통역에 의지해서 설교하고 심방했다. 또 교인들의 삶의 배경을 모르니, 내 설교가 제대로 그들에게 공감되고 전달되는지조차 알 길이 없었다. 이후 교인들과 시간을 보내면서 대다수가 참 어렵고 힘든 상황에 있음을 깨달았다. 겨울에 심방을 가보면 영하 30도 추위에 난로에 땔감이 없어 오들오들 떨면서 양털 이불을 뒤집어쓰고 있었다.

'그래도 나는 난방이 되는 집에서 사는데… 어떻게 하면 이들을 건강한 방법으로 도울 수 있을까?'

이를 두고 하나님께 기도했을 때, 내게 '간섭하지 마라'라는 마음을 주셨다. 물질로 돕지 말라고 하시며, 이 상황에 직접 관여하지 말라고 하셨다. 사실 제일 쉬운 방법이 특히 어려운 가정을 찾아 조용히 재정을 흘려보내는 것이었다. 그러면 참 마음도 편하고 좋을 것 같은데, 하나님은 나를 묶어두셨다.

나는 재정이 있음에도 그들을 돕지 못하는 상황에 마음이 무거웠다. 그런데 돕고 싶어도 당장 도울 수 없어 힘들어하는 내 마음이, 나를 향한 하나님의 마음이라는 감동이 왔다. 하나님께서 우리를 돕고 싶어도 도우실 수 없는 시기가 있고, 우리는 그 시기를 지나야 한다는 것이다. 그러자 내가 가진 부족함이나 도울 수 없는 상황이 더 이상 문제가 되지 않기 시작했다.

하루는 부모가 없는 소녀 가장으로 막 고등학교에 올라가는 한 자매가 교회에 찾아와서 말했다.

"선생님, 저 교회에서 며칠 자도 될까요?"

"교회는 잠을 재워주는 곳이 아닌데…."

"시골에 살던 외삼촌이 저희 집에 왔는데, 저를 겁탈하려고 해서 도망 나왔어요. 근처에 할머니가 사는데 못 본 척해요."

딱한 사정을 들으니 어쩔 수 없어서 아이를 교회에서 재웠다. 그런 중에 교회에서 기도하는데, 내가 교인들 특히 어린 지체들에게 해줄 게 아무것도 없다는 자책감이 들었다.

'하나님, 어쩌자고 저를 여기에 놓아두셨어요. 제가 돕고 싶지만, 교인들을 도울 능력도, 방법도 없습니다. 제가 말로만 설교해 봐야 이들이 도전받고 바뀌겠습니까….'

깊은 탄식을 하나님께 올려드렸다. 그런데 기도하던 중에 내 귀에 아주 비통한 울음소리가 들리는 것 같았다.

'하나님, 이 울음소리는 뭐죠?'

내 마음에 '하나님께서 이 백성을 향해 우시는 소리'라는 감동이 왔다.

'아, 하나님도 울고 계셨구나. 우리 같은 하찮은 인생을 두고 이렇게 처절하게 우시는구나!'

하나님은 모든 걸 하실 수 있는 분인데도 스스로 제한하시면서 안타까움에 이 땅을 향해 울고 계심이 느껴졌다.

'하나님, 제가 어떡하면 좋을까요?'

'얘, 너도 나와 같은 마음으로 울어주지 않겠니?'

다른 건 못해도 하나님과 같이 우는 건 할 수 있을 것 같았다.

'주님, 제가 같은 마음으로 함께 울겠습니다.'

몽골에서의 내 사역을 돌아보면, 주님의 부담을 내가 전이 받고 기도한 것밖에 없다. 내가 목회를 오래 한 것도 아니고, 교인들에게 무얼 나눠주었는지, 무얼 해주었는지도 당시는 잘 몰랐다. 그렇게 여러 해를 지내던 어느 날, 몽골을 떠나라는 하나님의 말씀에 순종해서 그곳을 떠나야 했다. 나는 그 땅으로의 부르심의 의미와 만남 그리고 그 결말에 대해 정리되지 않은 채 몽골을 떠났다.

몽골 사역에 관해 마음에 묻어둔 질문의 답을 찾는 데는 시간이 필요했다. 육 년 전쯤 호주 시드니에서 집회가 있었다. 그때 어떻게 알았는지 몽골 이레교회에서 자란 청년들로부터 이메일이 오기 시작했다. 인도네시아로 들어간 후, 나는 하나님이 주신 마음이 있어서 몽골의 교회 지체들에게 일절 연락하지 않았다.

"선생님, 저희를 좀 만나주세요."

"저희, 시드니에 있어요."

당시 시드니에서 공부하던 이레교회 청년들이 각기 보낸 메시지였다. 그중 한 자매는 시드니의 한 신학교에서 남편과 선교사 훈련을 받고 있었다. 또 다른 두 자매는 시드니 국립대학교에서 석·박사과정을 공부한다고 했다. 그러고 보니 이미 이레교회 출신 청년 여럿이 한국에 나가서 석사과정을 공부하고 있다는 소식도 들었다.

외삼촌을 피해 교회에서 잠을 잤던 고아 소녀도 한국에 가서 석사과정까지 공부를 마쳤고, 다섯 아이의 엄마이자 전문인으로서 살고 있었다. 너무나 가난해서 하루 먹을 양식이 없어 굶는 날이 많던 아이들이 어느새 해외 각지에 나가 있었다. 나는 그들에게 아무것도 준 것이 없다고 생각했다. 그저 아이들과 같이 울면서 하나님의 마음을 전하고 꿈을 심어주었다. 그 가운데 내가 유학 시절에 경험한 하나님 이야기를 들려주었다. 그런데 아이들은 그 이야기를 자신의 것으로 받고, 새로운 도전을 시도하고 있었다. 환경에 굴하지 않고 새로운 길을 찾고 있었다. 그제야 하나님의 뜻이 이해되었다.

'아, 내가 한 일이 없는 게 아니구나. 하나님이 그들에게 복을 주시는 통로로 나를 사용하셨구나. 내 방식으로 돕는 게 중요한 게 아니라, 주님이 있으라고 하신 자리에 있으면 복의 통로가 되는구나.'

이후 2024년 6월, 우리 가족은 그리웠던 몽골 땅을 다시 밟았다. 우리를 몽골에 파송했던 오병이어선교회가 몽골 선교 30주년을 맞아 감사 예배와 선교사 수련회를 계획하면서 나를 설교자로 초청했다.

이전에도 몽골국제대학교 기념일에 초청받았지만, 그때는 갈 수 없었다. 기도하면 가지 말라는 마음을 주셨다. 나도 하나님께서 정하신 때가 올 때까지 기다리는 게 맞다고 생각했다. 당시는 인도네시아에서 사역이 일어나지 않고, 아침에 일어나면 당장 할 일이 떠오르지 않는 시간을 보내고 있었다. 그때 몽골 땅을 밟으면 역동적이었던 옛날이 생각나며 그때로 돌아가고 싶은 마음이 생길 것을 하나님이 아셨기 때문일지도 모른다.

그동안 나는 퇴로(退路)를 차단하고 새로운 사역에 집중해야 했다. 따라서 양육했던 제자들과도 소식을 끊고, 인도네시아 일에만 매진했다. 하지만 이번 몽골 선교 삼십 주년 기념식을 놓고 기도할 때는 비로소 가족과 그 땅에 가서 정리하고 매듭지을 부분이 있다는 마음이 들었다.

우리 부부와 둘째부터 넷째까지 세 아이가 십삼 년 만에 몽골 땅을 다시 밟았다. 인도네시아에서 자란 넷째에게는 몽골로의 첫 나들이였다. 어느새 내 머릿속에서는 인도네시아어가 몽골어를 구석으로 몰아넣었음을 깨달았다. 몽골에서의 많은 기억은 머릿속 벽장 구석에 먼지 쌓인 채 있었다. 나는 펼쳐진 환경 속에서 한편의 기억을 주섬주섬 떠올리기 시작했다.

우리는 울란바토르에서 기념 예배를 마치고 근교 초원의 한 캠프장에서 열린 수련회에 참가했다. 이미 장년으로 성장한 이레교회 청년들이 우리 가족이 몽골에 온 걸 알고, 만나고 싶어 했다. 하지만 우리는 캠프장에 있었고, 이후 몇 곳을 돌아본 후에 바로 출국해야 했다. 그래서 우리 가족만 단독으로 행동하는 게 쉽지 않아서 따로 약속을 잡지 않았다.

그런데 마침 폭설이 쏟아져 온 세상을 하얗게 덮어버렸다. 6월에 폭설이 내린 건 육십 년 만이라고 했다. 눈보라가 일면서 전기가 끊어지고, 수도가 막히고, 화장실도 쓸 수 없었다. 이틀 후에 비행기를 타고 한국에 들어가야 하는데, 전날 비행기가 한국에서 오다가 회항했다고 했다. 눈도 문제지만 날씨가 풀려 눈이 녹으면 몽골 초원에 큰 물줄기가 형성되고 사방이 뻘밭이 된다. 그러면 길이 막혀 외부와 차단될 수 있었다. 결국 우리는 몇 지역을 다니려던 여행 계획을 취소하고, 그냥 캠프장에 머물다가 공항으로 탈출해야 했다.

그런데 이레교회 출신 청년들이 우리 가족을 만나러 캠프장으로 오겠다고 했다. 나는 길이 너무 위험하니까 오지 말고, 다음에 꼭 다시 올 테니 그때 보자고 말했다. 그러자 처거 형제가 말했다.

"선생님, 우린 몽골 사람이에요."

나는 그 말뜻을 이해했기에, 더 이상 말릴 수 없었다. 그냥 조심히 오라고 말하고 전화를 끊었다.

이전에 이 땅에서 몽골 사람과 같이 전도 여행을 많이

다니며 사역했었다. 광대한 자연 속에서 예측할 수 없는 일기와 지형의 험난함으로 말로 다할 수 없이 어렵고 위험한 상황을 겪었다. 그러나 그것은 나와 그들의 일상의 한 부분이었다. 나도 예수님에게 그렇게 말할 수 있으면 좋겠다는 생각이 들었다.

"예수님, 저는 당신의 제자예요. 저는 사역자예요⋯. 이 정도의 장애는 일상이에요."

그리웠던 얼굴들이 내가 처음 보는 아이들과 사륜구동 랜드크루저에서 내려 캠프장으로 들어섰다. 그 아이들을 보니 내가 마치 할아버지가 된 것 같았다. 이들과 시간을 보내면서 이들 가운데 남아 있는 내 흔적을 보았다.

몽골의 저출산 분위기에서도 아이들이 넷 이상인 가정이 많았다. 다수가 석사 이상의 학위를 갖고 전문직 종사자로 몽골 사회의 한 축을 담당하며 일했고, 목회자 가정도 있었다. 뭉크 형제의 아버지는 군 장교 출신으로, 술을 먹으면 아내를 폭행하며 교회에 가는 것을 막았었다. 그런데 극적으로 하나님을 체험하고 목사님이 되었다는 소식도 들었다.

과거에는 모두 너무나 가난해서 미래에 소망이 없을 것

같은 어려운 환경에서 자랐는데, 하나님은 그들을 향한 계획을 갖고 계셨다. 그제야 하나님께서 내게 물질로 그들을 돕지 말고 말씀으로 섬기라고 하신 이유를 알 수 있었다. 복음은 무엇보다 가치 있으며 사람에게 소망을 주고 변화시키는 능력이기 때문이다.

뭉크가 내게 고백했다.

"선생님, 지금 생각하면 그때 선생님 말씀이 너무 귀하고 좋았는데, 고등학생이었던 저는 극히 일부만 이해하고 받아들일 수 있었어요. 그때 더 많은 걸 이해하고 받을 수 있었다면 정말 좋았겠다는 아쉬움이 있어요."

그 말을 듣고 깨달았다.

'아, 이것이 내가 몽골을 떠나야 했던 이유구나. 하나님은 나를 통해 이들에게 영향을 주길 원하신 게 아니라, 이들이 하나님을 직접 만나기를 원하셨구나. 내가 중간에 서기를 원하지 않으셨구나. 더군다나 책 출간으로 내 영향력이 커지면서 이들이 나를 의지하면, 내가 위험한 존재가 될 수도 있었겠구나.'

이들이 외부에 알려진 나를 의지하면 하나님을 직접 의지하는 법을 배울 기회를 잃기 때문이었다. 그래서 하나님은 나만을 위해서가 아니라, 이들을 위해 나를 몽골에서 뜯어내셔야 했음을 깨달았다.

결핍과 아픔을 겪는 당시에는 그 이유를 다 이해할 수가 없다. 그때는 그저 그 시간을 받아들이고 견디며 기다리면 된다. 선하신 주님께 선하신 계획이 있을 것을 고백하며 믿음으로 그 시간을 채워가는 것이다. 그래야 시간이 지난 후, 그 선한 이유를 이해할 수 있는 눈을 얻는다.

이레교회 청년부 출신이 모인 자리에 목사님이 된 툭수 형제와 아내 철몽 자매도 있었다. 그들이 결혼하고 일주일 된 시점에 지방에 살던 철몽의 어머니가 돌아가셨다. 집에 강도가 들었는데 칼에 몸의 여러 곳을 찔려 과다 출혈로 사망했다고 한다.

당시 이 소식을 들은 철몽이 급하게 부모님 집으로 갔고, 툭수는 울란바토르에 잠시 남아 정리를 마치고 뒤늦게 장례를 치르기 위해 처가로 갔다. 그런데 툭수가 처가에 도착하기 전까지 계속 각혈을 했다. 병원에 가서 검사하니 결핵 진단이 나와서 장례식에 참석하지 못하고 병원에 격리되었다. 며칠 있다가 장인이 병실로 찾아와 툭수에게 말했다.

"네가 우리 집안에 들어오고부터 액운이 낀 것 같아. 너는 우리 집의 액운 덩어리다. 더 이상 내 딸과 살지 말고 남남이 되어주면 좋겠다."

당시 툭수는 마음이 너무 힘들었다. 그는 퇴원 후, 울란
바토르로 돌아와 나를 만나 그간의 힘든 이야기를 나눴
다. 그때 나는 어떤 답을 줘야 할지 몰랐다. 다만 아픔을
통해서 사명을 발견한 사람들의 이야기를 해주었다. 그러
면서 지금은 아픔의 이유를 다 알 수 없지만, 아픔을 통해
서만 위로할 수 있는 누군가가 있다는 것을 그 가정에 나눠
주었다.

물론 당시 초신자였던 철몽이 그 이야기를 듣고 마음 정
리가 다 된 건 아니었다. 하지만 십삼 년 만에 우리가 캠프
장에서 다시 만나서 예전 이야기를 하는데, 이들 부부가 내
가 해준 이야기를 기억하고 있었다. 철몽이 말했다.

"제가 사모로서 교회 사역을 하면서, 과거의 충격이 깊
은 믿음의 자리로 나가는 데 걸림이 되었어요. 온전한 순
종으로 나가는 걸 막았던 것 같아요. 그러던 어느 날, 기
도 중에 하나님께서 깨닫게 하셨어요. 제가 예수님의 십자
가를 붙잡고 신앙 생활한 게 아니라, 어머니의 죽음을 붙
잡고 살았다는 것을. 그제야 '하나님, 이제는 어머니의
죽음을 놓을게요. 그리고 예수님의 십자가를 붙들겠습니
다'라고 고백할 수 있었어요."

몽골 여행은 여러 가지 면에서 하나님께서 나와 아내의 질문에 답을 주신 시간이었다. 우리 가정은 선교사의 삶이 무언지도 모르고 맨땅에 헤딩하는 느낌으로 몽골 땅에 머물렀었다. 우리가 잘하는 건지도 모른 채 영적 전투를 치르다가 전쟁이 끝나기도 전에 전장을 이탈한 듯했다. 그래서 몽골을 생각하면 늘 아쉽고 미안했다.

아내는 처음 몽골에 들어가자마자 몽골과학기술대학교 안에 오병이어선교회가 세운 몽골 영양개선연구소를 2대 소장으로 섬겼다. 아내가 연구소 책임을 맡고 선교회 본부와 협의하며 시작한 프로젝트는, 학교 급식 모델 학교를 만들어서 그 중요성을 알리는 거였다. 급식을 통해 몽골 아이들의 영양 문제 해소를 돕고자 애썼다.

몽골인들은 유목인으로 전통에 따라 가축을 길렀기에 고기와 유제품만 선호하는 식습관이 있어 채소를 잘 먹지 않는다. 또 몽골의 자연환경은 채소를 기르고 보관하기에 적합하지 않다. 이런 식습관 때문에 노년층 성인병이 너무 많아 당시 평균 수명이 예순 살 남짓이었다. 이를 바꾸려면 전 국민적 계몽이 필요한데, 가장 좋은 방법이 어렸을 때부터 식습관을 고치는 거였다.

당시 몽골의 많은 아동이 하루에 한 끼만 먹고 학교에 다녔다. 아내는 어린이들이 균형 잡힌 식사를 할 수 있도록 몽골 최초의 학교 급식을 위한 모델 학교를 선정해 시스템을 만들어주는 일을 했다. 그런데 아내는 내성적이어서 어떤 일을 주도하거나 지시하는 걸 매우 힘들어했다. 그러나 한편으로는 일을 잘 해내서 자신이 능력 있는 존재임을 증명하고 싶은 마음도 있었다. 그래서 아내는 기도했다.

'하나님, 제게는 그저 있으라 하시는 자리에서 허락하신 시간 동안 버티고 있는 게 순종이고, 내려놓음입니다.'

당시 아내는 선교지에서 영적 공격이 어떻게 오는지 몰랐다. 그래서 때로는 문제의 직면을 피했고, 환경을 원망하거나 자신을 힘들게 하는 사람들을 미워하기도 했다. 그러다가 우울증을 경험했다. 하지만 그 모든 문제의 열쇠가 '복음'임을 깨닫고, 끝내 어려움을 넘어섰다.

아내는 이 년의 임기를 마치고 동료 선교사님에게 소장직을 넘겼다. 그리고 시간이 흘러 우리는 인도네시아로 갔다. 그 후 학교 급식 법제화를 위한 다양한 활동이 이어져 2019년에 몽골 학교급식법이 국회를 통과하면서 정부가 학교 급식이 미래를 위해 매우 중요한 과제임을 비로소 인식했다. 이후 전국 모든 초등학교가 급식 설비를 갖추고 점심을 제공해야 하자 몽골 정부는 부족한 제도 정비, 전문인력 양성, 인프라 구축을 위해 한국 정부에 도움을 요청했다.

그 결과, 2022년에 한국과 몽골 간 국가 단위 차원의 국별협력사업으로 몽골 학교 급식 사업이 채택되어 한국의 해외원조를 위한 국가재단인 '코이카'(KOICA)에서 국별협력사업 규모의 예산 재원을 오 년간 지원받아 체계적으로 진행하고 있다.

우리 선교회의 이 프로젝트는 한국의 해외원조 사업 중 지속 가능한 현지 중심 전문인 양성과 제도화를 이끈 가장 우수한 사례 중 하나로 선정되었고, 선교회와 동역하는 위드(WITH)가 사업을 담당하는 기관으로 선정되었다. 이 일로 3대 소장이었던 선교사님이 몽골 대통령이 외국인에게 수여하는 최고 훈장인 '북극성 훈장'를 수훈하는 경사도 있었다.

현재 몽골인 평균 수명이 2000년에 예순세 살에서 이십여 년 만에 일흔두 살로 구 년이나 늘어났다고 한다. 물론 급식과 영양교육만으로 그런 결과가 나온 건 아닐 수 있지만, 몽골의 보건과 수명 연장에 아내가 한 역할을 감당했을 것으로 생각한다.

아내는 박사 논문과 학위를 포기하며 몽골에 머물렀다. 그 가운데 아내 아래에 있던 연구원들은 박사 학위를 받고 몽골과학기술대학의 학장과 학과장이 되었으며, 몽골 사회에 영향력 있는 인물들이 되었다. 또 몽골에 많은 영양사를 배출하여 학교 급식 프로젝트를 운영하는 주체가 되었다.

아내는 결핍과 약함 속에서 버둥거리는 시간을 보내며 이유를 다 알지 못하면서도 그 책임을 버텨냈다. 그리고 시간이 지나 그 자리를 떠났다. 이번에 몽골에 다시 들어간 아내는 하나님께서 자신의 헌신과 순종을 어떻게 받으셨는지를 확인했다. 그리고 그 작은 헌신의 한 결과를 눈으로 보고 그 의미를 깨달았다. 하나님께서는 맡은 자만 아는 특별한 비밀을 우리에게 선물로 드러내 주셨다.

우리는 언젠가 하나님의 심판대 앞에 설 것이다. 그때 하나님께서 우리가 한 작은 순종의 결과가 어떤 것이었는지 보여주실 것이다.

몽골 일정 중 하나님께서 우리를 위해 준비해 주신 또하나의 선물은, 우리 집에서 아이들을 돌봐주던 바스카 자매를 다시 만난 거였다. 자매는 내가 사역하던 이레교회 교인은 아니었다. 동역하는 선교사님이 세운 이웃 교회가 셀렝게 지역에서 전도하던 중에 처음 예수님을 믿은 자매였다.

선교사님은 교회에 나오겠다고 울란바토르까지 따라온 이 자매를 우리에게 부탁했다. 마침 아내와 내가 일해야 했기에 자매는 우리와 지내며 가사 도우미로 둘째 서연이를 돌봐주었다.

이번에 다시 만났을 때, 바스카 자매는 몽골에서 존경받는 중견 리더인 목사님의 사모가 되어 있었다. 바스카 사모는 네 자녀를 다 데리고 만남의 자리에 나왔다. 그녀는 뒤늦게 대학에 들어가 영양학과를 졸업하고 학교 급식 영양사로 일을 시작했다고 말했다. 어찌 보면, 바스카 사모가 아내의 뒷발치를 보면서 졸졸 따라가는 것처럼 보였다. 우리를 만난 자리에서 그녀가 말했다.

"저는 하나님을 믿는 사람들이 어떻게 사는지 몰랐어요. 그런데 두 분이 그것을 가르쳐 준 선생님이었지요. 저는 어려운 일을 만나면 '이 상황에서 선생님이라면 어떻게 했을까' 질문해 봐요. 그리고 해답을 찾고는 하지요."

나는 미안하게도 자매를 제자로 생각한 적이 없었다. 그런데 내가 이레교회에서 설교할 때면 자매는 서연이를 데리고 예배당 밖에서 문에 귀를 대고 설교를 들었다고 했다. 그렇게 그녀는 조용히 말씀의 자리로 나가 스스로 믿음을 키워갔다. 우리는 그 자매를 제자로 훈련할 생각도 못 했는데, 하나님께서 관계 속 경험을 통해 우리의 제자로 만드셨다.

사실 그 시기 전후로 우리 부부는 관계의 어려움을 겪었었다. 아내가 우울증에 걸리면서 부부 관계가 바닥을 쳤다가 다시 회복되었다. 그런데 하나님께서 우리의 부족한 모습은 가려주시고, 영향력은 극대화해 주셨음을 알았다. 우리의 부끄러울 수 있는 삶의 모습도 누군가에게는 도움이 될 수 있도록 하나님께서 재활용해 주셨다.

비록 우리가 약하지만 그 자리에 순종하고 있던 시간을 하나님께서 아름답게 사용해 주셨음을 깨달았다. 왜 우리를 그 자리에 두셨고, 또 그분의 때와 계획 속에 왜 몽골에서 옮기셨는지를 이해할 수 있었다. 그것을 알기 위해서는 충분한 기다림과 순종이 전제되어야만 했다.

2장

약속을 기다림

방패가 되신다

하나님을 알아가는 과정 중이던 아브라함에게 때로는 하나님의 약속이 너무 크고 멀게 느껴졌을 것이다. 그래서 하나님께서는 아브라함을 여러 번 찾아오셔서 약속을 계속 상기시켜 주신다. 창세기 15장에는 아브라함이 조카 롯을 극적으로 구출한 직후에 찾아오신 하나님의 이야기가 나온다.

이후에 여호와의 말씀이 환상 중에 아브람에게 임하여 이르시되 아브람아 두려워하지 말라 나는 네 방패요 너의 지극히 큰 상급 이니라 아브람이 이르되 주 여호와여 무엇을 내게 주시려 하나 이까 나는 자식이 없사오니 나의 상속자는 이 다메섹 사람 엘리에셀이니이다 아브람이 또 이르되 주께서 내게 씨를 주지 아니하셨으니 내 집에서 길린 자가 내 상속자가 될 것이니이다 여호와의 말씀이 그에게 임하여 이르시되 그 사람이 네 상속자가 아니라 네 몸에서 날 자가 네 상속자가 되리라 하시고 그를 이끌고 밖으로 나가 이르시되 하늘을 우러러 뭇별을 셀 수 있나 보라 또 그에게 이르시되 네 자손이 이와 같으리라 아브람이 여호와를 믿으니 여호와께서 이를 그의 의로 여기시고 **창 15:1-6**

하나님께서는 아브라함에게 찾아오셔서 두려워 말라고 말씀하셨다. 직전에 아브라함은 목숨을 걸어야 하는 큰 전쟁을 치르느라 긴장되고 두려운 시간을 보냈다. 당시 중동지역 왕국들이 둘로 갈라져서 세계대전 중이었다. 승자국이 조카 롯을 포로로 붙잡아 가자, 아브라함은 자기가 기른 소수 인원을 데리고 그를 구하러 갔다. 그리고 다행히 기습 작전이 성공해서 큰 전과(戰果)를 거두고 롯과 돌아왔다.

우리가 믿음을 사용하며 가야 하는 삶의 현장은 늘 우리를 두렵게 하는 것들로 가득하다. 하나님은 아브라함이 두려워하지 않을 수 있는 근거로, 당신 자신이 그의 방패와 상급이라고 말씀하신다. 방패가 된다는 말은 보호자가 되어주신다는 뜻이다. 우리가 두려움에 떠는 이유는 하나님이 방패가 되신다는 사실이 믿어지지 않기 때문이다.

사무엘하 22장에 다윗의 대표적인 인생 시가 나온다.

여호와는 나의 반석이시요 나의 요새시요 나를 위하여 나를 건지시는 자시요 내가 피할 나의 반석의 하나님이시요 나의 방패시요 나의 구원의 뿔이시요 나의 높은 망대시요 그에게 피할 나의 피난처시요 나의 구원자시라 나를 폭력에서 구원하셨도다
삼하 22:2,3

다윗이 인생의 수많은 고비와 위기 그리고 전쟁을 지나오며 경험한 하나님에 대한 고백이다. 그는 여호와가 반석, 요새, 건지시는 자, 방패, 구원의 뿔, 높은 망대, 피난처, 구원자시라고 말한다. 보호하시고 구원하시는 하나님에 대한 은유다.

다윗 역시 인생을 두고 극복해야 할 대상은 대적에 대한 두려움이었다. 그리고 그것을 이길 궁극적 근거는 반석 되신 하나님께 의지하는 믿음이었다. 그의 왕위, 권력, 군대, 능력, 형통한 상태가 그의 두려움을 극복할 근거가 될 수 없었다. 그것들이 영원하지 않기 때문이다. '하나님이 나

와 함께하신다'라는 사실이 믿어질 때라야 비로소 우리 영혼은 깊은 안정감을 가질 수 있다.

우리는 약속을 받고 이루어지기를 기다리는 동안, 우리를 두렵게 하는 현실을 만난다. 나도 인도네시아 사역 초기에 다양한 두려움과 직면했다. 사역이 성공할지에 대한 두려움, 사역자들이 상심하여 떠나갈 것에 관한 두려움, 재정의 결핍으로 인한 불안, 불의의 사고나 질병 또는 신변의 안전에 대한 두려움 그리고 협박으로 인한 두려움 등이었다.

이를 이기는 방법은 두려움의 궁극적 실체를 직시하고, 그것의 실현 여부를 하나님의 신실하심과 선하심에 맡겨드리는 것이었다. 다시 말하면, 하나님의 방패 되심을 믿음으로 고백하며 그분 손에 처분을 맡기는 거였다.

사역자들이 떠나가는 것으로 인해 상심하여 힘들었던 어느 날, 기도 중에 이런 마음이 들었다.

'하나님이 허락하지 않으시면 누구도 이 사역지에 들어올 수도, 남아 있을 수도 없다. 하나님은 당신의 약속을 이루시는 데 우리 도움이 필요하시지 않다. 자기가 없으면 사역이 힘들어지리라 생각하는 사람과 하나님은 동역하지 않으신다. 반대로 동역자들이 없어도 사역을 잘할 수 있다고 말하는 것도 교만이다. 사람이 들어오고 나가는 건 하나님의 주권이다.'

그러자 사역자의 떠남에 상실감을 느끼는 이유가 내가 하나님이 아니라 사람을 의지하기 때문임을 깨달았다. 그 사람의 존재가 사역의 성패에 직결된다고 생각하여 그에게 내 마음에 영향을 미칠 영적 권위를 내어준 것임을 자각했다. 이 두려움을 믿음으로 극복하자, 비로소 사람에 관한 두려움을 떨칠 수 있었다.

하지만 캠퍼스에 거주하는 사람들이 늘어 사역 공동체가 커지자, 나는 또다시 두려웠다.

'사역팀 가운데 불의의 사고를 당하거나 영적 공격이 있어서 누군가가 아프거나 세상을 떠나는 일이 생기면 어떡하지?'

그래서 사역 초기에 하나님께 이렇게 기도드렸다.

'하나님, 다른 건 몰라도 사역자들의 안전만큼은 확실히 지켜주셔야 합니다. 그것이 안 되면, 저는 손 털고 사역 정리하겠습니다.'

그러던 중 코로나 기간에 기숙사에서 감염자가 생겨나기 시작했다. 사역자 중 한 명이 위독하여 병원에 갔다. 고

지혈증과 성인 질환이 있던 형제라 산소포화도가 계속 떨어진다는 이야기를 듣고, 혹여 사람을 잃는가 싶어 마음이 무겁고 힘들었다. 그저 하나님께 엎드려 간절히 기도할 수밖에 없었다. 그런데 기도 중에 하나님께서 예전에 내가 했던 그 기도를 떠올려주셨다.

'너, 손 턴다고 했던 말, 아직 유효하니?'

나는 하나님께 다시 기도했다.

'하나님, 그 기도, 바꾸겠습니다. 하나님이 어떤 상황으로 인도하시든 저는 이 자리를 지키겠습니다.'

비로소 불안으로 막혔던 마음 안에 믿음이 들어오기 시작했다.

'아, 이 친구가 살았구나. 더 이상 이 문제를 놓고 기도할 필요가 없구나. 이미 나은 거구나.'

그제야 하나님께서 내가 불안의 실체를 대면하길 원하셨음을 이해했다. 나를 두렵게 하는 결과를 믿음으로 수용할 때, 더 이상 그것이 나를 두렵게 하지 않음을 배웠다. 결국 하나님은 그 형제를 건강하게 회복시켜 주셨다.

내가 대학 사역을 시작하면서 속으로 은근히 두려워한 것이 또 있었다. 나보다 앞서 기독교 대학을 세웠던 사람들이 다양한 어려움을 겪었다는 사실이었다. 특히 한국 한동대학교의 경우, 초대 총장님이 다양한 고소에 휘말려 투옥되기도 했고, 비슷한 사례가 다른 선교지에도 있었다. 그래서 내심 감옥에 갈 일은 없었으면 좋겠다는 바람이 있었다.

그런데 공교롭게 2023년을 지나며 그런 협박을 몇 차례 받았다. 우리 대학이 고등교육부로부터 허가받은 '자카르타국제대학교'라는 이름을 포함하여 모든 유사한 이름을 미리 상표등록 해놓은 교육회사가 있었다. 그들은 변호사를 통해 이 이름을 계속 쓰면 감옥에 보내겠다는 계고장(戒告章)을 보내왔다. 우리 변호사도 사안의 심각성으로 큰 위협을 느꼈다. 이 일이 나를 유난히 낙담하게 했다.

'두려운 무언가가 마침내 왔구나!'

나는 이 문제로 하나님과 씨름하는 시간을 가졌다. 그러던 중, 신실한 후원자이자 이사인 한 장로님이 내 넋두리에 답해주었다.

"아니… 감옥 가면 왜 안 되나요? 바울도 감옥에 수시로 갔는데…. 오히려 선교사님이 감옥에 가시면 중보기도가 더 많아지고 후원도 더 많아질걸요."

듣고 보니 정신이 번쩍 들었다. 내가 사역의 피해자 흉

내를 내고 있음을 깨달았다.

'그래, 감옥에 갈 수도 있지.'

감옥 가는 일이 무서운 일이 아니라, 영광스러운 일일 수도 있겠다 싶었다. 그제야 감옥의 위협은 호랑이의 '어흥'처럼 보이지만 실은 고양이의 '야옹'임을 깨달았다. 내가 두려워하던 대상을 직면하여 그것에 대해 죽으면 이기는 게임이었다.

'그럴 수도 있지. 그러나 그게 끝은 아닐 거야. 하나님께는 다음 대안이 있으실 테니까.'

두려움의 실체를 알면 그 위협은 꼬리를 내린다는 사실을 배웠다. 실제로 하나님께서는 특별한 일을 행하셔서 그 위협을 흩어버리셨다. 단, 그전에 내가 두려움에 믿음으로 반응하기를 원하셨다.

두려워하던 대상이 극복되고 난 후에야 평안이 오는 게 아니다. 문제가 해결되기에 앞서 미리 두려움을 이기고, 평안 가운데 거하는 게 중요하다. 그것이 방패 되신 하나님을 경험하는 여정이다.

하나님이 상급이 되신다는 건 믿음으로 사는 삶에서 기대할 수 있는 가장 좋은 보상이다. 우리가 세상에서 얻는 그 무엇도 우리에게 지속적인 기쁨과 보상을 주지 못한다. 그런 것들은 더 강한 자극으로 대체되어야 하기 때문이다. 우리의 감각은 쾌락을 지속해서 느끼지 못한다. 그것이 일상적인 것이 되면 또 다른 새로운 자극을 추구하기 마련이다.

아브라함이 살았던, 높은 건축물을 세워서 자신의 위대함을 드러내려는 욕망을 부추기는 메소포타미아 문명과는 달리 아브라함이 부름을 받은 곳은 가나안의 건조한 목축 지대였다. 그곳에서 그는 눈에 드러나지 않는 우물을 파며 가축과 함께 떠돌이 생활을 했다.

현실에서 하나님의 땅과 씨에 대한 약속이 현실로 이루어지는 것을 보지 못한 채 기다리는 시간을 보내야만 했다. 이때 하나님은 믿음으로 순종의 여정을 걷는 아브라함에게 약속의 하나님, 그분 자신이 상급이라고 말씀하셨다.

결국 하나님의 약속이 실현되는 것보다 더 중요한 건, 약속하시는 하나님에 관해 배우고 알아가면서 그분을 신뢰하게 되는 것이다.

나는 인도네시아로 들어갈 때, 하나님께서 '대학교 설립'이라는 사명을 약속으로 주셨다고 생각했다. 하지만 그곳의 현실과 직면하니 가까운 시일에 이루어지기는 불가능한 일로 보였다. 그래서 인도네시아 생활의 목표가 대학교 설립이 아니라 하나님을 배우고 경험하며 그분과 동행하는 것임을 고백하는 시간을 가졌다. 설령 내가 부름을 받았다고 생각한 그 목표가 이루어지지 않더라도, 그곳에서 하나님을 경험하고 그분과 교제하는 삶의 여정을 이루는 것만으로 나는 상급을 소유한 것이며 그 나머지는 덤일 뿐이었다.

JIU에서 청강생으로 받아주어서 이 년간 공부했던 한 아프간 난민 학생이 나를 찾아왔다. 이 학생은 몇 년 전에 호주 대사관에 제출한 서류에 문제가 있어 체류 허가 신청이 기각되었다. 서류가 통과되어야 비자 신청이 이뤄지고 육 개월 정도 더 기다려 인터뷰까지 가게 된다고 했다. 그런데 탈락하면 재심사를 받기까지 오륙 년을 기다려야 하는데, 그때 가서도 반드시 통과한다는 보장은 없었다.

이 학생은 자신과 비슷한 처지의 그룹과 모임을 섬기고 있었다. 모임에 온 사람들은 풀이 죽어 있거나 심각한 우울증을 겪고 있다고 했다. 자신은 평소 말이 없는 사람임에도 그 자리에서는 무기력하게 앉아 있는 사람들을 대신해서 모임을 주도해야 한다고 했다. 또한 그가 살고 있는 자카르타 근교인 보고르 지역에서만 약 이백 명이 사전 체류 신청서가 기각된 후 자살했다고 했다.

바라던 목표를 이룰 수 없다고 느낄 때, 하나님에 대한 믿음이 없는 사람은 대부분 삶의 의미와 의욕을 잃는다. 그들도 나름의 종교를 가졌지만 그들의 종교적 신념은 자신의 꿈과 목표를 이루는 수단일 뿐, 그 믿음 자체가 삶의 방향성을 제시하지 못함을 본다.

이 학생은 얼마 전에 교회 목사님과 마카사르 지역에 찾아가서 세례 집례 과정을 통역하며 도왔다고 했다. 그러면서 이런 말을 했다.

"어쩌면 제 비자가 진행되지 못한 이유가 이곳에서 해야 할 일이 많아서일지 모른다는 생각이 들었어요. 여기에 남아 있는 동안, 하나님께서 제게 맡겨주신 사명을 잘 감당해야겠다고 다짐했어요."

그런가 하면 우리 학교에서 공부하던 청강생의 가족들이 특별한 은혜를 입고 미국행 비자를 초고속으로 받은 사례도 있었다. 그 가족은 이미 전도의 사명을 가진 자들로서 미국 땅에 섬길 대상이 있기에, 하나님께서 그들을 급히 보내주셨다는 생각이 든다.

믿음을 가지면 하나님이 주신 사명을 인생의 목표로 삼
게 된다. 그리고 나를 만족시키는 것을 목표로 삼지 않고,
하나님을 기쁘시게 하는 것이 자신의 만족이 되는 삶을 산
다. 그럴 때, 자신이 겪는 꿈의 좌절이 하나님의 기회로 바
뀌는 것을 본다.

2023년, 대학교 신입생을 대상으로 오리엔테이션 마지
막 날 환영 메시지를 전할 때였다. 똘망똘망한 두 학생이
눈에 띄었다. 얼굴에 귀티가 흐르며 호감이 가는 인상이었
다. 자세히 보니, 청강생으로 합류한 아프간 난민 학생들
이었다. 오리엔테이션을 마치고, 이들을 내 사무실에 불러
이야기했다.

"여기서 공부하고 생활하는 동안, 손님처럼 있지 마라.
하나님이 우리 학교를 세우신 이유 중에는 너희를 세우기
위한 계획도 있단다. 주인처럼 당당하게 지내렴."

그리고 이들에게 물었다.

"너희를 보니 전혀 고생하지 않고 산 평안한 인상이라
좀 놀랍구나. 난민으로서 사는 환경을 내가 아는데… 얼
굴에 구김살이 전혀 없네."

난민들은 보통 인도네시아에 들어오면 한두 해 정도 길바닥에서 생활한다. 인도네시아 정부가 난민이 일하는 것을 금지했기 때문이다. 그래서 그들은 차라리 이민국 감옥에라도 들어가면 비를 피할 수 있고 식사가 해결되니, 감옥 앞에 자리를 깔고 누워지낸다고 한다. 그런데 이 난민 학생들의 얼굴에서는 아픔과 상함이 보이지 않고 당당함이 느껴졌다. 내 질문에 그중 한 자매가 대답했다.

"예수님을 믿고 나서 삶의 태도와 가치관이 바뀌었어요. 그뿐 아니라 우리의 외모도 같이 바뀐 것 같아요."

예수님을 제대로 만나면 한두 해 만에 얼굴도 바뀌는 것을, 그들을 통해 확인했다. 삶의 가장 큰 보상이 '예수님'이라는 사실이 믿어지자 그들의 내면에 안정감과 평안이 자리 잡은 것이다.

나를 만난 많은 사람이 내 표정이 늘 평안한 비결을 묻곤 한다. 이는 하나님의 감동으로 내 안에 무언가가 채워지면서 외적으로 나타나는 자연스러운 결과인 것 같다. 실제로 내가 삶에서 지는 짐과 부담의 무게와 걷는 길의 험난함을 옆에서 보는 사람은, 내가 여전히 웃는 얼굴인 것이 이해되지 않을 것이다.

우리 사역지에 있는 동역자들은 내 부담의 무게를 알기

에 내 자리나 위치를 부러워하는 사람이 없어 보인다. 이 자리가 갖는 무게를 알기 때문이다. 그런데도 나는 여전히 하나님의 부요함을 누리며 살아간다.

내 인생 가운데 하나님께 삶의 주도권을 맡겨드리고 내 전체를 의탁한 시간이 있었다. 그때마다 나를 사로잡는 하나님의 특별한 감동에는 능력이 있어서 기쁨과 자유와 평안으로 나를 이끌어 갔다. 하나님께 내 문제를 맡겨드리고 그분을 기쁘시게 하려고 애쓰면 애쓸수록, 그 일이 내게 주는 놀라운 위로와 충만함이 있다. 그것을 체험할 때, 우리는 기다림의 시간을 견딜 수 있다.

내가 외부 집회 사역을 나가는 이유는, 우리 사역의 필요를 채우기 위해서가 아니다. 주님 안에서 내가 누리는 부요함과 풍요를 나누기 위함이다. 나는 선교사가 후원을 구걸하는 마음을 갖고 있으면 안 된다고 생각한다. 그래서 큰 교회가 아닌 교인 수가 작은 교회 또는 이민교회 집회도 시간이 허락하는 한 기꺼이 응한다.

한국 또는 미국 등 외부에 나갈 때, 나는 어떻게 하면 그들의 필요에 반응하고 영적으로 채워줄 수 있을까를 고민한다. 많은 경우, 큰 교회 목사님이나 자산이 많은 사람을 만날 때도 내가 그들에게 어떻게 도움을 줄지에 관심을 두고 대화에 집중하려 애쓴다. 그것이 가능한 이유는, 내가 누리는 영적인 부요함 때문이다. 어찌 보면 '영적인 오지랖 떨기'라고 할 수 있다. 그런데 그렇게 만나는 이들의 필요에 반응하다 보면, 어느새 하나님께서 나와 내 사역의 필요를 직접 채워주시는 것을 경험한다.

사람의 노력으로 이룰 수 없는 약속

아브라함은 하나님 자신이 방패요 상급이 되어주신다는 말씀을 하나님으로부터 받았을 때, 충분히 공감하지 못했다. 그래서 하나님께서 약속하신 것이 이루어지지 않았음을 상기시켜 드린다(창 15:2,3 참조).

"주 여호와여 무엇을 내게 주시려 하나이까? 나는 자식이 없사오니 나의 상속자는 이 다메섹 사람 엘리에셀이니이다. 주께서 내게 씨를 주지 아니하셨으니 내 집에서 길린자가 내 상속자가 될 것이니이다."

그는 하나님께서 자신에게 자식을 약속하셨지만, 그것이 긴 시간 이루어지지 않아 이미 자신과 아내의 생식능력이 소실되었음을 항의한다. 하나님의 약속이 이루어지기 어려운 상황이니 그 약속이 이루어진 것으로 치기 위해 자신이 경험적으로 가능한 방법이라고 생각하는 차선책을 제안한다.

아브라함은 자신의 후사 문제를 해결하기 위해 인간으로서 생각할 수 있는 다양한 옵션을 차례로 꺼내 든 바 있다. 처음에는 조카 롯을 후계자로 생각했던 것 같다. 그다음에는 자기 집에서 기른 엘리에셀을 후계자로 삼으려 했다. 그는 이것을 하나님의 부담을 덜어드리는 현실적인 대안이라고 생각했던 것 같다. 또 그렇게 일찍 정리가 되어야 기다리며 애타는 심정에서 벗어나 마음이 편안할 수 있다고 보았을 것이다. 그다음에는 여종과 동침해서 이스마엘을 얻기도 했다.

하지만 하나님은 단호하셨다. 사람이 자기 방식으로 하나님의 약속을 이룰 수 없음을 분명히 하셨다. 15장 4절에서 다음과 같이 말씀하신다.

"그 사람이 네 상속자가 아니라 네 몸에서 날 자가 네 상속자가 되리라."

하나님은 사람이 할 수 있는 것을 약속하지 않으신다. 그 나이에 자식을 갖는 것 그리고 별처럼 많은 자손을 만드는 것은 아브라함이 이룰 수 없는 것이다. 또한 하나님은 당신의 약속을 이루시는 데 사람의 도움을 섞지 않으신다. 하나님의 약속은 하나님이 친히 이루신다.

하나님은 여전히 의문이 가득한 아브라함을 장막 밖으로 나오게 하신다. 우리가 하나님의 광대한 계획을 신뢰할 수 있으려면 우리의 사고 체계와 좁은 경험의 세계에서 벗어나야 한다. 익숙하나 좁고 어두운 자기 일상의 틀에서 빠져나와야 하나님을 경험할 수 있다.

하나님은 아브라함을 데리고 나오셔서 당신이 창조하신 광대한 우주를 보여주신다. 그리고 다시 약속을 상기시키신다. 이처럼 약속이 얼마나 이루어지기 어려운지를 보지 않고 하나님이 어떤 분인가를 깨달을 때, 우리는 비로소 믿음을 가질 수 있다.

그제야 아브라함은 하나님의 하나님 되심을 믿게 된다. 믿으려고 노력하는 게 아니라 자연스럽게 믿어지는 것이다. 그 믿음을 하나님께서 의로 여겨주신다. 아브라함 스스로 믿음을 만든 게 아니다. 하나님께서 아브라함이 믿음을 갖도록 도와주신 것이다. 그런데도 하나님은 그의 믿음을 의로 여기시고 기뻐해 주신다.

더 나아가서 하나님을 기쁘시게 했다는 느낌과 감동은 아브라함의 기다림의 시간을 지탱하는 구체적인 능력이 되었을 것이다.

또 그에게 이르시되 나는 이 땅을 네게 주어 소유를 삼게 하려
고 너를 갈대아인의 우르에서 이끌어 낸 여호와니라 그가 이르
되 주 여호와여 내가 이 땅을 소유로 받을 것을 무엇으로 알리
이까 여호와께서 그에게 이르시되 나를 위하여 삼 년 된 암소와
삼 년 된 암염소와 삼 년 된 숫양과 산비둘기와 집비둘기 새끼를
가져올지니라 아브람이 그 모든 것을 가져다가 그 중간을 쪼개
고 그 쪼갠 것을 마주 대하여 놓고 그 새는 쪼개지 아니하였으
며 솔개가 그 사체 위에 내릴 때에는 아브람이 쫓았더라 … 해
가 져서 어두울 때에 연기 나는 화로가 보이며 타는 횃불이 쪼갠
고기 사이로 지나더라 창 15:7-11,17

그 후에 아브라함은 하나님께 "내가 이 땅을 소유로 받
을 것을 무엇으로 알리이까?"(창 15:8)라고 땅에 대해 약속
의 증표를 요구한다. 하나님은 삼 년 된 암소와 삼 년 된
암염소와 삼 년 된 숫양과 산비둘기와 집비둘기 새끼를 가
져다 그 중간을 쪼개고, 그 쪼갠 것을 마주 놓게 하신다.
이는 고대 중동지역의 계약 방식이다. 쪼갠 동물들 사이로
계약의 당사자가 같이 지나간다. 이 약속을 파기하는 쪽
은 이 동물들과 같은 죽음에 처할 것이라는 엄중한 서약
행위다.

그런데 놀라운 사실은, 하나님은 아브라함은 놔두시고 당신 혼자 이 동물 사이를 지나가신다. 스스로 피조물과의 약속에 속박당하신다. 하나님의 약속은 일방적이었다. 아브라함이 약속을 지킬 의사나 능력이 있고 없음에 상관없이 하나님께서 일방적으로 그에게 자손과 땅에 대해 약속을 이루겠다고 선언하신 것이다.

이처럼 아브라함이 하나님의 약속에 대해 마음이 흔들릴 즈음, 하나님은 먼저 찾아오셔서 그분의 약속을 상기시켜 주셨다. 아브라함의 됨됨이나 노력과 무관하게 하나님의 약속을 실행하겠다는 의지를 보이셨다. 그리고 그 약속을 역사 속에서 이루어 가셨다. 그 약속을 받은 사람의 할 일은 약속을 이루는 게 아니라, 그 일의 성취를 온전히 하나님께 맡겨드리며, 받은 약속을 품고 하루하루를 기대 가운데 사는 것이었다.

약속을 친히 이루시다

인도네시아에서 대학교를 세우면서 하나님의 약속은 하나님이 친히 이루신다는 것을 경험했다. 하나님이 그 일을 맡은 사람에게 요구하시는 한 가지는 믿음 안에 거하며 그분의 약속을 바라고 기다리는 것이다. 분주한 현대사회를 사는 사람들은 이 말을 이해하기 어려울 것이다. 뜬구름 잡는 이야기 같고, 또 그저 앉아서 인생이 망할 때까지 기다리라는 말이냐고 반문할지도 모른다. 어디까지가 하나님의 역할이고, 어디까지가 사람의 책임인지 모호하다는 생각도 할 것이다.

물론 하나님께 맡기고 기다린다는 건 아무것도 하지 않는 것을 말하는 게 아니다. 그 일의 성패가 하나님께 달려 있고, 하나님의 일은 하나님의 때에 하나님의 방식으로 이루어진다는 것을 알고, 그에 맞춰 섬김의 자세를 견지하는 걸 말한다.

나는 인도네시아에서 하나님의 약속 성취를 기다리며 수동적인 삶의 능동성을 경험했다. 능동적인 기다림은 방종이나 나태, 게으름과는 다르다. 내가 할 수 있는 일을 하면서, 내가 할 수 없는 일에 하나님이 개입하시기를 기다리는 것이다. 부르심을 받은 사명 가운데, 내가 어떻게 할 수 없는 영역이 분명히 있다. 예를 들어, 사역 현장에서 사람이 사람의 마음을 말로 바꿀 수 없음을 본다. 사람의 노력으로 설득을 통해 다른 사람들을 불러 모으는 건 한계가 있다. 이것은 하나님의 영역이다.

한국에서 목회나 사역을 하는 현재의 환경은 한 세대 전의 사역자가 하던 것과는 다를 것이다. 이 시대 목회자를 향한 하나님의 부르심은 교인 수나 외형의 확장은 아닌 것 같다. 외형과 수의 증가는 사역의 재정 능력과 영향력의 확장으로 이어진다. 그것이 선한 영향력으로 사용될 수 있으면 무척 귀하지만, 많은 경우에 리더를 영적으로 망치는 결과를 낳기도 한다. 외형 확장이 사역의 중심 목표가 되면, 우리는 본질을 잃어버리게 된다.

하나님이 이 시대 한국 교회에 사람을 모아주지 않으시는 것은 나름대로 이유가 있다고 생각한다. 이때는 이 시대를 향한 하나님의 큰 그림이 무엇인지, 내 사역에 하나님이 기대하시는 건 무엇인지 묻고 점검받을 시기다. 성장은 아픔과 견딤과 기다림을 동반한다. 하나님께서 우리에게 기근과 결핍의 시간을 주시는 이유는, 우리가 하나님만을 바라보며 성장해야 할 필요가 있기 때문이다. 아픔을 수용하고 견딜 때, 사역자의 내면에 견고함이 다져지고 영적 성장과 공감과 소통 능력이 길러진다.

어려움 속에서 기다릴 수밖에 없는 시기를 지날 때, 두려움에 사로잡히면 스스로 메말라간다. 가정과 주변 관계도 같이 망가진다. 이런 경우, 혹 사역에서 외형적 규모는 키울 수 있을지 몰라도 복음 안에서의 질적 변화와 영향력은 기대할 수 없다.

요셉이 이집트에 팔려 간 이후, 그가 받은 형통은 보디발의 집에서 탈출해서 아버지 집으로 가는 게 아니었다. 오히려 그곳에서 하나님의 꿈이 실현되기까지 기다리는 힘을 기르는 것이었다. 광야 시절, 이스라엘 백성이 경험했던 어려움과 고난은, 그들의 믿음을 성장시키기 위한 하나님의 설정이었다. 따라서 우리에게 어렵고 힘든 시기가 주어지는 건 '영적 성장'의 필요가 있기 때문이다.

힘든 시간만큼이나 우리가 정결하게 되고 성장할 수 있는 절호의 기회는 없다. 하나님의 부르심은 우리가 경험한 실패와 좌절과 아픔과 연결되는 경우가 많다.

파도 위에 오르기

내 삶과 현재의 사역을 돌아보면, 내 힘으로 이룰 수 있었던 건 하나도 없었다. 사역에 중요한 돌파가 필요한 순간, 하나님이 인도네시아의 법을 바꾸셨고 사람과 재정을 보내셨다. 하나님이 길을 여실 때는 한 번에 수십 가지 일이 동시에 처리되기도 했다. 몇 달 동안 사람을 만나는 일

없이 인내하며 기다려야 하는 시기가 있는가 하면, 오 분 단위로 필요한 만남이 연결되는 경험도 했다. 내 시간의 밀도도 내가 결정하지 못했다. 이 역시 하나님의 인도하심의 흐름에 맡겨야 하는 영역이었다.

발리섬에 집회 차 가족과 함께 갔다가 서핑을 배운 적이 있다. 발리섬의 서남쪽 해안은 파도가 좋아서 서핑의 명소로 알려져 있다. 거기서 오 불 정도만 내면 서핑 교습을 받을 수 있었다. 나이가 들면서 야성을 갖고 도전하는 노력이 더 필요하다고 느끼던 시기여서, 나는 딸아이와 함께 서핑에 도전했다.

파도가 이는 곳까지 파도를 거슬러 걸어가면서 파도와 부딪히고 그 흐름을 타는 것은 아찔하면서도 많은 에너지가 필요했다. 서핑을 배우면서 든 생각은, 바다를 느끼는 방식에도 여러 가지가 있을 수 있다는 것이다. 어떤 사람은 바다가 보이는 전망 좋은 카페에서 바다를 바라보며 즐길 수 있다. 어떤 사람은 바닷가에서 바닷물에 발을 담그며 바다를 느낀다. 또 누군가는 바다에 들어가 수영하면서 바다를 경험한다. 그런데 파도타기는 다른 차원의 스피드와 박력으로 바다를 경험하는 방식이었다.

하나님을 경험함에 있어서도 다양한 차원이 있다. 더 깊이, 더 온전히 하나님께 맡길 때, 우리는 특별한 박력과 짜릿함으로 하나님의 임재와 일하심을 맛볼 수 있다.

서핑의 핵심은 파도의 타이밍을 기다리는 것이다. 서퍼가 파도를 만들어 낼 순 없다. 그저 파도가 이는 지역을 찾아가 깊은 물에서 다음 파도가 일기를 기다려야 한다. 초보는 종종 파도 위에서 몸을 일으키는 타이밍을 맞추기 어렵다. 그래서 강사의 도움이 필요하다.

너무 일찍 몸을 일으키면 파도가 서프보드의 뒷부분을 들어 올려서 고꾸라져 물을 먹게 된다. 반면에 너무 늦게 몸을 일으키면 파도가 다 지나간 다음에 잔잔한 물 위에 홀로 둥둥 떠 있는 민망한 상황을 맞는다. 물론 타이밍을 못 맞추면 물을 먹게 된다. 그래도 괜찮다. 다음 파도를 기다리면 된다.

강사가 요구하는 정확한 타이밍에 몸을 일으켜서 중심을 잡을 수만 있으면 파도의 강력한 힘이 나를 밀어낸다. 평소에는 경험하지 못한 힘이 스피드를 만들어 나를 보드와 함께 앞으로 달려 나가게 한다. 그때 서퍼에게 필요한 것은 그저 보드 위에 자기 몸을 의탁하며 중심을 유지하는 것이다.

믿음의 세계에서 믿음은 바로 서프보드의 역할을 한다. 정확한 타이밍에 내가 몸을 믿음으로 맡길 때, 하나님의 강력한 힘이 나를 밀어 올려 저 멀리 하늘을 나는 것같이 나를 끌고 간다. 헤엄칠 때처럼 내 힘과 에너지로 가는 게 아니라 파도의 힘으로 파도가 이끄는 방향으로 밀려간다.

　이 서핑의 경험은 인도네시아에서 내가 경험한 것을 비유적으로 각인시켜 주었다. 하나님의 바다에서 하나님이 일으켜 주시는 파도를 타고 그분이 보내시는 곳으로 그분의 힘에 의지해서 나가는 것. 그것은 내가 스스로 내 일을 할 때와는 다른 차원의 박력과 스피드를 경험하게 했다.

　지금 책을 쓰는 일도 내가 원해서 내 노력으로 되는 게 아니다. 어느 순간, 하나님께서 마음에 감동을 주시면 순식간에 어떤 힘이 글을 쓰도록 끌고 감을 느낀다. 평소에 일기나 저널을 쓰려고 책상 앞에 앉아보지만, 한 줄도 쓰지 못할 때가 많다. 설교도 임박해서야 간신히 하나님이 주신 감동으로 준비하곤 한다. 이런 내가 빨리 책을 쓰고 나눌 수 있는 것 자체가 하나님의 파도를 만날 때 가능한 은혜라고 생각한다.

　인도네시아 사역 초기에는 더 이상 내 책이 이전처럼 판매되지도, 반향을 일으키지도 않고, 아무도 나를 알아주지 않는 환경에 갇혀 몇 년간 지냈다. 그런데 어느 날, 갑자기 유튜브로 내 설교를 듣는 청중이 생겼다. 영상 한 편도 나 스스로 올린 적이 없었다. 나는 인도네시아의 한 동네에 갇혀서 다람쥐 쳇바퀴를 도는 것 같은 일상에 머물러 있었다.

그런데 내 노력이나 의지와 무관하게 그 영상들이 일하곤 했다. 영상을 본 사람들이 우리 사역에 관해 알게 되면서 직간접적으로 도움을 주는 일이 생겨났다. 내 노력과 무관하게 하나님께서 일으키시는 파도가 사역을 끌고 가는 또 하나의 예였다.

인도네시아에서 JIU 사역이 진행되면서 실제적인 현실의 도전 앞에 하나님께서 어떤 방식으로 파도를 일으키셔서 일하셨으며, 나와 우리 팀을 어떻게 인도해 가셨는지를 다음 장에서 나누려고 한다.

PART 2

약속을
꼭 이루시는
하나님

3장

사역의 장벽과 돌파의 기적

답이 없는 상황

2024년 가을, 미국에서 안식년을 보내던 중에 '샬럿'이라는 도시에서 한인 목회자들을 대상으로 이박 삼일 세미나를 인도했다. 내가 발제한 내용으로 참석자가 질의하고 내가 응답하는 방식으로 진행했다. 한 젊은 목사님이 질문했다.

"선교사님은 인도네시아에서 이미 대학을 세워서 운영하고 있고 그것을 하나님이 하셨다고 하지만, 저는 그 부분이 잘 이해되지 않습니다. 선교사님은 명문대학교를 졸업한 것으로 보아 지적 능력을 갖추었고, 또 글 쓰는 능력이 있어서 베스트셀러를 출간했고, 그 인지도와 네트워크를 바탕으로 선교 사역에서도 역량을 발휘하여 남들이 이룰 수 없는 것을 성취한 것으로 보이는데요. 시종일관 그것을 하나님이 다 하셨다고 하니, 제 경험과 관점으로는 이해가 잘되지 않습니다."

사람들이 그렇게 이해할 수 있겠다 싶었다. 나는 그에게 질문했다.

"만약 아브라함에게 백 살에 아들을 낳은 비결이 뭐냐고 물으면 뭐라고 대답했을까요? 그 질문을 한 사람은 정력을 유지하는 비결, 장수의 비결 또는 건강 관리 비법 등의 답을 예상했겠지요. 하지만 아브라함의 답은 '하나님이 약속하신 것을 하나님이 이루셨습니다' 외에는 없지 않을까요?"

그 후 세미나가 끝나는 시점에서 그 목사님이 답했다.

"오랜 시간 선교사님의 이야기를 다 듣고 보니, 이제야 선교사님 말씀이 이해되네요. 그렇게 살고 사역해도 되겠다는 기대가 생깁니다."

또 한번은 어떤 사람이 우리 대학재단의 이사님에게 자카르타에서 대학을 세우려면 어떻게 해야 하는지를 문의했다. 이사님은 사역 초기부터 어떤 과정을 통해 JIU가 세워졌는지 잘 알았다. 그래서 이렇게 대답했다.

"인도네시아에서 이런 대학을 세우는 건 불가능하니, 시도할 생각을 하지 마세요."

"아니, 당신들은 했는데 다른 사람은 못 할 거라고 말하는 법이 어디 있어요?"

그는 이사님의 말에 역정을 냈다고 한다. 실은 내게 물었어도 같은 대답을 했을 것 같다. 이런 일은 하나님께서 작정하고 열어주시지 않으면 일어날 수 없는 일임을 실제로 체험하며 이 길을 걸어왔다. JIU와 코너스톤 글로벌아카데미(CGA) 초중고교 설립 과정은 하나님이 약속하신 것을 그분이 이루시는 여정이었다. 내 능력의 어떠함과 무관하게 하나님이 일방적으로 내게 순종을 명하시고, 그것을 통해 하나님의 예비하신 계획을 이루어 가셨기 때문이다.

상황적 어려움

수개월의 기도 가운데 인도네시아 교육 사역으로의 부르심을 확인하고, 나는 아브라함이 가나안 땅으로 들어간 것처럼 가족과 2012년 9월에 인도네시아에 입국했다. 그리고 일 년간 언어를 배우며 대학 설립 가능성을 탐색했다. 언어와 문화가 낯선 새로운 문화권에 들어간다는 건 항상 어렵고 긴장되는 일이다. 과거에 쌓았던 것을 다 뒤로

하고 밑바닥에서 처음부터 모든 것을 다시 시작해야 한다.

한때는 몽골에서 대학교를 경영하며 정부의 교육 정책 방향성을 제안하던 자리에 있다가, 이제는 인도네시아 한 대학교의 언어 과정에 학생 신분으로 들어가야 했다. 인도네시아에 대한 이해가 없고 관심도 크지 않았는데, 생존을 위해, 언어를 배우기 위해 늦은 나이에 에너지를 짜내는 건 쉽지 않았다. 아직 잘 알지 못하는 단계에서 필요에 따라 결혼하여 한 사람의 배우자로 살아가는 느낌이 이런 게 아닐까 싶었다.

그런데도 하나님이 주신 약속과 성취를 기다리며 사는 삶이 주는 당당함과 에너지가 있어서 여전히 평안과 기쁨으로 걸어갈 수 있었다. 물론 우리의 평안을 앗아가는 삶의 도전은 계속되었다. 몽골을 떠나면서 가진 일 년의 안식년 중에 넷째를 갖게 되었고, 아이의 생후 이 개월에 인도네시아로 들어갔다. 그런데 정착하는 과정에서 셋째에게 탈이 났다. 내적 불안감이 터져 나오면서 짜증이 폭발하곤 해서 아내를 힘들게 했다.

아내는 네 명의 아이 양육에 꽁꽁 묶여서 내 사역을 도와주거나 관심 가질 여력이 없었다. 도움을 받기는 고사하고 나도 가족의 필요에 계속 에너지를 쏟아야 했다. 마라톤 경기에 나가야 하는데, 경기를 앞두고 허리와 다리에 모래주머니를 찬 듯한 느낌이었다.

처음에는 하나님께서 왜 나를 약속의 땅으로 불러놓고 도와주지 않으시고 꽁꽁 묶어두시는지 의아했다. 하지만 시간이 지나서야, 그분이 약속을 직접 이루시기 위해 내가 묶인 채로 앞서지 말아야 했음을 깨달았다.

인도네시아의 상황을 알면 알수록 대학교 설립을 위해 온 게 얼마나 무모한 일인지 알게 되었다. 인도네시아는 오랜 식민지 경험으로 외국인에 대한 경계심이 컸고, 자국에서 외국인이 무언가를 운영하려는 노력을 막으려는 다양한 법적 장치가 있었다. 그래서 새로운 일을 시작하기 위해 허가 받기가 무척 어려웠다.

십여 년 전만 해도 공무원의 관료주의가 강하고 경직되어 새로운 일에 닫힌 태도를 보였고, 자기에게 돌아올 대가나 유익이 없으면 남을 돕거나 허가를 내주려 하지 않았다. 더욱이 고등교육부가 대학 개편안을 시행하기 전이라 신규 대학교 또는 학과 허가 신청을 일절 받지 않는다는 취지의 '신규 허가 중지'를 선언했다. 앞으로 기한 없이 최소 수년간 대학 허가 신청 자체가 불허된 상황이었기에 언제 기회가 올지 전혀 예상할 수 없었다.

외국인에게 기회를 주고, 또 그 말을 경청해 주던 몽골 정부 관료의 우호적 태도와는 매우 달랐다. 물론 어느 나라든 교육은 외국인에게 폐쇄적인 분야여서 쉽사리 기회를 주려 하지 않는다. 특히 식민지 시절을 경험했던 인도네시아에는 외국인의 접근을 차단하는 시스템이 있었다. 더구나 세계 최대의 무슬림 인구가 사는 이 나라에서 기독교 정신으로 운영하는 학교를 세운다는 건 더더욱 불가능에 가깝다는 생각이 들었다.

내가 인도네시아 교육 사역의 기회를 외부에 알리면서 동역하기 위해 자카르타로 들어온 동역자 가정이 하나둘씩 생겼다. 그러나 이들에게 앞으로 펼칠 사역의 가능성을 자신 있게 나눌 수 없었다. 몽골과 한국에서 나의 행보를 호기심 있게 지켜보는 사람들에게 내가 줄 수 있는 긍정적인 답은 없어 보였다.

게다가 인도네시아의 교육 사정을 잘 알고 있는 선교사님이나 현지 목사님 중에 기독교 정신으로 대학을 세우는 게 가능하다고 보는 분을 만나지 못했다. 여러 가지 어려운 장벽이 산재해 있음을 잘 알기 때문이었다.

돌아보면, 당시 대학이 세워지기 위해서는 최소 열두 가지 영역에서 기적이 일어나야만 했다. 기독교 기반 대학 설립을 방해하는 주요 장벽을 하나하나 돌파하기 위해서는 하나님의 초자연적인 개입이 필요했다. 내 노력으로는 이를 넘어설 수 없음이 너무나 자명했다.

건강의 위협

그 첫 번째 장벽은 내 건강에 대한 우려였다.

체질적으로 약해서 감기를 달고 살던 나는 여러 풍토병에 대한 우려가 있었다. 더욱이 이런 사역을 감당하려면 일인다역을 해야 했다. 후원금을 모으고, 정부 관계자를 만나고, 사역자 후보군을 만나 동기부여하고, 인도네시아 현지 상황을 잘 이해해서 전략을 세우고, 자료를 정리하는 등, 이 모든 일을 감당하기 위해 체력의 뒷받침이 필요한데, 늘 이 부분이 버거웠다. 또 외부로 다니며 여러 사람을 만나는 것이 힘들어서 육체적, 정신적 에너지가 많이 소진된다고 느꼈다.

급기야 인도네시아에 온 지 육 개월 만에 췌장 수술을 받으러 한국에 가게 되었다. 일 년 전 몽골에서 나와서 건강검진을 받다가 췌장에 혹이 발견되었고, 반드시 제거해야 한다는 의사의 진단이 있었다. 혹의 위치가 좋지 않아서 췌장 삼 분의 이를 제거해야 한다고 했다. 또한 비장을 같이 제거해야 하는데, 그러면 면역력 약화로 인도네시아와 같이 풍토병이 많은 나라에서 사역하는 게 불가능했다.

감사하게도, 내 사정을 잘 이해해 주는 의사 선생님을 만나서 도움을 받았다. 그는 일반 의사들과 달리 환자의 장기를 최대한 보존할 수 있도록 고난이도의 부분 절제술을 제안했다. 환자를 최대한 배려해서 의사로서는 위험 부담이 있는 선택을 한 것이었다.

나는 인도네시아 대학의 언어 과정 첫 학기를 마친 시점을 수술 날짜로 정했다. 수술 후, 방학이 끝나면 인도네시아로 돌아가 언어 수업에 복귀할 것을 기대했다. 그런데 수술은 성공적으로 끝났으나 생각지도 못한 복병을 만났다. 수술 후 보름이 지난 시점에 췌장관이 새는 중대한 후유증이 나타났다. 의사 선생님이 우려했던 최악의 위험 요소가 현실이 된 거였다.

이 문제가 해결되지 않으면 인도네시아 사역은커녕 평생 병원 신세를 져야 하는 상황이 우려되었다. 입원 날짜가 계속 늘어났고, 내 모든 계획이 어그러졌다. 병원에 누워 있으니, 하나님께서 내게 인도네시아에서의 대학 사역을 맡기신 게 맞는지 확신이 서질 않았다. 하나님이 여러 가지로 도우셔도 모자랄 판에 사역할 수 없는 몸으로 만드시는 이유가 이해되지 않아 당황스러웠다.

나는 하나님께 모든 것을 맡기고 그분의 도우심에 온전히 의탁하는 것 외에 다른 선택을 할 수 없었다. 그러던 중 다행히 기적적으로 췌장관의 상처가 자연 치유되었다. 확률이 높지 않은 일이기에 하나님의 일하심으로 해석되었다. 그리고 무사히 아내와 아이들이 기다리는 땅, 인도네시아로 삼 개월 만에 복귀했다.

그 후 건강 문제로 사역이 막히는 일은 일어나지 않았다. 겨울이면 영하 40도 이하로 내려가는 몽골에서 일 년 내내 영상 30도가 넘는 적도 지방으로 옮겨왔지만, 약골로 태어난 내가 건강에 큰 어려움 없이 사역을 감당할 수 있었던 건 하나님의 특별한 보호하심의 기적이었다. 건강의 도전을 통과하면서, 나는 하나님께 고백할 수 있었다.

"제가 인도네시아에 머무는 이유가 부름을 받은 사역의 성취 때문이 아님을 알았습니다. 그저 하나님께서 이곳에 보내셨으니 그 뜻을 따라 있으라 하시는 때까지 머물겠습니다."

그리고 그 가운데 하나님께서 일하시는 것을 경험하고

누리는 것이 내 목표가 되었다. 이곳에 있는 이유가 하나님의 부르심과 약속 때문이지, 나의 특별한 사역적 성취 때문이 아니어야 했다. 내 사역의 성패 여부와 성취될 시기의 결정권을 하나님께 맡겨드리니, 나를 짓누르던 부담감에서 조금씩 자유하는 법을 배울 수 있었다.

하나님이여 주께서 우리를 시험하시되 우리를 단련하시기를 은을 단련함같이 하셨으며 우리를 끌어 그물에 걸리게 하시며 어려운 짐을 우리 허리에 매어두셨으며 사람들이 우리 머리를 타고 가게 하셨나이다 우리가 불과 물을 통과하였더니 주께서 우리를 끌어내사 풍부한 곳에 들이셨나이다 **시 66:10-12**

체류 허가의 장벽

두 번째 장벽은 인도네시아 비자 발급의 어려움이었다.

나는 인도네시아 입국 후 첫해는 언어 과정의 학생으로 있었다. 그 후, 자카르타 한인연합교회의 관계자분이 연결해 준 비자 에이전트를 통해 우리 교육재단이 초청하는 교육자 카테고리 비자를 받았다. 일 년 뒤 이것을 연장하는 과정에서 우리 팀은 비자 에이전트를 끼지 않고 저비용으로 적법한 절차를 밟아 비자 발급을 직접 진행하려고 했다.

그런데 그 과정에서 여러 어려움을 겪었다. 이전에 받은 비자의 유효기간이 지났는데, 새 비자 연장이 되지 않아 외부 집회 일정에 문제가 생겼다. 합법적이라고 알고 진행한 임시 출국과 입국 허가 때 문제가 생겨서 공항 이민국 사무실에 불려가 기다리며 선처를 바라야 하는 상황도 발생했다. 그때 하나님의 은혜로 이민국 책임자의 마음이 열려서 조용히 풀려날 수 있었다.

한번은 이민국 실사팀이 재단 사무실이 있던 한인연합교회로 찾아와서 우리 팀 비자 관련 서류를 조사했다. 그중 두 명이 이사 후 주소 변경 신고를 하지 않은 것을 문제 삼아 그들을 구류하기도 했다. 당시 인도네시아는 외국인 감시 시스템이 강화되어 여러 가지 의무 조항으로 외국인을 묶어놓고 통제하곤 했다.

외국인으로서 교육기관을 세우기 위해 초기에 외부로부터 사람을 불러 모아야 하는데, 이들을 초청할 수 있는 기관을 먼저 설립하지 않고는 초청 자체가 불가능했다. 내 비자는 결국 '연장 불가'로 결정이 났다. 따라서 연장을 기다리며 비자 유효기간이 지나도록 머물렀던 기간에 대해 온 가족이 막대한 벌금을 물어야 했다. 그래서 우리 가족과 또 한 사역자 가족은 급히 한국으로 나가야 했다.

사역의 책임을 맡은 사람이 한국으로 가야 하는 상황에서 일의 진행은 여러 가지로 쉽지 않았다. 새로운 기관을 설립해서 비자를 발급받는 데도 시간이 오래 걸렸다. 우리 가정은 다시 인도네시아에 복귀한 후에도 체류 기간에 맞춰서 다른 나라에 다녀와야 하는 메뚜기 신세가 되었다.

만 두 살 갓 넘은 아이를 포함한 네 자녀와 함께 계속 비행기를 타고 나라를 옮겨 다녀야 하는 시간의 끝을 알 수 없다는 사실에 낙담했다. 이런 큰 비용과 희생을 감수하면서 이 일을 계속 감당할 가치가 있는지 하나님께 묻는 시간을 가졌다.

당시 인도네시아는 새 정부가 들어서면서 비자 정책 쇄신과 함께 특정 일부 국가에서 불법으로 입국하는 외국인을 단속하고 색출하려고 대대적인 이민 규제 정책을 펴고 있었다. 또한 비자 발급 요건을 강화하면서 일반 외국계 투자 회사도 비자 발급 허가가 어려워지자, 외국인 고용을 대폭 줄이는 쪽으로 방향을 잡았다.

우리는 새로이 교육회사를 세워서 초기 사역의 법적 토대를 만드는 것만이 해결책이라고 보았다. 그런데 회사를 세우기 위해서는 투자 예탁금이 필요했다. 당시 내 수중에는 재정이 없었다. 그렇다고 재단에 들어온 후원금을 전용(轉用)해서도 안 될 일이었다.

몽골에서 떠나올 때, 하나님께서 몽골에서 생긴 재정을 그 땅에 묻어두고 오라는 감동을 주셔서 순종했었다. 그래서 다음 사역을 위해 모아놓은 재정이 수중에 없었다. 엎친 데 덮친 격으로 인도네시아로 들어오면서부터 책 인세 수입이 줄어들었고, 개인 헌금도 사라졌다. 그나마 들어온 집회 사례금은 우리 가족과 다른 사역자들의 생활과 사역을 돕기 위해 투입되어야 했다. 그러니 투자금을 만들 여력이 없었다.

그러던 중 인도네시아에 〈명량〉이라는 이순신 장군에 대한 영화가 들어와서 보았다. 이순신 장군이 명량 해전을 앞두고 거북선마저 불타고 휘하 장군들도 명령에 따르지 않는 상황을 맞은 것을 보면서 내 처지와 비슷하다고 느꼈다. 그러면서도 혼자 중얼거렸다.

"그래도 이순신 장군은 열두 척이라도 남은 배가 있었네…."

그런데 때맞춰 한국과 인도네시아에서 홀연히 나타난 두 명의 독지가를 통해 투자금의 종잣돈이 해결되었다. 이들이 재정을 기꺼이 흘려보내 주어서 교육회사를 세울 재정의 기초가 만들어졌다. 또한 교육회사 설립에는 인도네시아 현지인의 지분 참여가 필요했는데, 한국계 인도네시아 국적자분들의 도움으로 그 문제도 같이 해결되었다. 그렇게 사역자들의 체류 허가와 신분 문제를 하나씩 해결하기 시작했다. 물론 이 과정도 많은 인내를 요구했다.

지금은 많이 나아졌지만, 당시만 해도 어떤 사업의 허가를 받고 비자를 만들기까지 육 개월에서 일 년 정도 걸렸다. 어떤 가정은 재입국을 위해 인도네시아에서 나와 한국에서 꼬박 팔 개월을 기다려야 했다. 그 가정의 후원 교회에서 인도네시아 사역을 정리하라고 종용하던 시점에 극적으로 비자가 나왔고, 그 가정은 우리 사역에 지금까지 함께하고 있다. 언제 비자가 나올지 모르는 상황에서 한국에서 막연히 기다리는 것은 가족 모두에게 어렵고 고통스럽고 불안한 시간이었을 것이다. 하지만 하나님께서는 그 기다림의 시간을 통해 우리를 한 팀으로 빚어가셨다.

이 교육회사는 법적 요건의 변화에 따라 몇 차례에 걸쳐 투자금의 확충과 도약이 필요했는데, 그때마다 고비를 넘어가게 하시는 하나님의 은혜를 경험했다. 하나님은 우리에게 약속하신다.

재단 운영의 고비

세 번째 장벽은 학교 설립을 위한 교육재단을 세우고 운영하는 부분이었다.

인도네시아 사역은 자카르타 한인연합교회의 초청으로 시작됐다. 교회 설립자 서만수 목사님이 대학 설립을 위한 교육재단을 세우고 기초가 될 토지를 구입한 지 얼마 되지 않아 소천하셨다. 그리고 2대 담임인 김학진 목사님이 우리 가정을 초청하며 대학 사역을 맡아달라고 요청하셨다. 어찌 보면, 사역 초기에 몇 가지 중요한 필요는 일단 채워진 상태였다. 하나님께서 이 땅에 먼저 와서 뿌리 내린 분들을 통해 일해주셨다.

하지만 교회는 재정적으로나 행정적으로 우리 사역을 뒷받침할 여력이 안 되는 상황이었다. 또 내가 재단 책임을 맡고 주도하는 방식에 대해 당회원들의 생각도 각기 달랐다. 이제 시작하려는 대학 사역의 재정과 운영의 모든 책임을 나와 사역팀이 져야 하는 상황이었지만, 정작 우리는 재단의 대표성과 결정권을 갖지 못하는 구조였다. 그러면 우리 사역팀이 후원자들에 대한 책임을 다하지 못하게 될 터였다. 후원도 이루어지지 못하고, 사역이 중간에 관계 문제로 결렬되거나 표류할 위험성도 있었다(특히 이민교회는 다양한 관계의 문제가 있어서 재단 운영의 안정성이 훼손될 가능성이 있었다). 결국 사역의 재정과 운영의 모든 책임을 지는 사람이 구별된 조직을 만들고 인사권을 갖고 주도하는 구조가 필요했다.

또 하나는 대학교 설립과 운영은 수많은 교회와 기관과 개인의 연합으로 이루어야 하는 사역인데, 한 교회가 대표성을 가지면 연합에 큰 어려움이 있을 수 있었다. 교회 안에서도 사역을 온전히 우리에게 맡겨야 한다는 목소리가 컸지만, 실제 재단에 이름을 둔 사람들의 동의가 필요했다. 나는 대립이나 잡음 없이 은혜 가운데 사역의 결정권이 내게 맡겨져야 이 사역을 이끌고 나가는 게 가능하다고 봤지만, 이 일은 불가능하게 보였다.

학교 사역의 시작과 함께 수많은 재정이 투여되어야 하는데, 첫 기초가 잘 세워지지 않으면 문제가 된다. 실제로 그런 문제로 사역을 그르친 사례가 선교지에 비일비재하다. 그래서 나는 아무에게도 이야기하지 않고 혼자 조용히 기도했다.

"하나님, 제가 이 재단과 학교 부지를 맡아서 사역해야 한다면, 은혜 가운데 운영권을 맡도록 허락해 주세요. 제 욕심으로 구하는 것이 아님을 주님이 아십니다. 실은 저는 이 부담에서 도망가고 싶은 마음이 더 큽니다. 제가 이 사역을 맡는 것이 하나님 뜻이라면, 이것을 이뤄주셔야 사역의 첫 단추를 끼울 수 있습니다. 그렇지 않으면 다른 길을 찾겠습니다. 저는 이후부터 이와 관련해 아무 주장도 하지 않고, 다른 사람에게 제 의견을 말하지 않겠습니다. 하나님께서 저를 이곳에 부르셨다면 친히 일해 주십시오."

나는 하나님의 방법을 기대하며 그저 기다렸다. 핸들을 하나님께 넘겨드리고, 내 힘을 빼고, 그분의 일하심을 관찰하는 자세로 멈추어 기다렸다. 그러던 중 나를 초빙했던 2대 담임목사님이 사임하시게 되었다. 그러면서 정관을 개정할 필요가 생겨 재단 이사진들도 바뀌었다.

그 와중에 놀랍게도 내가 하나님께 기도했던 대로 일이 진행되는 것을 나와 동역자들이 같이 목도했다. 나는 사람의 마음을 바꿀 능력이 없었고, 또 바꾸려 하지도 않았지만, 하나님께서 친히 내가 그분께 받은 그림대로 재단을 주도할 수 있는 밑바탕을 마련해 주셨다.

하나님께서 이 일 가운데 나를 부르셨고, 내 기도를 정확히 듣고 계신다는 확신이 생겼다. 이제는 물러서지 않고, 이 일을 맡아 나가야 함을 직감했다. 또한 하나님께서 허락하지 않으시면, 누구도 이 사역에 참여할 수 없음도 깨달았다.

기독 초중고교가 세워지다

네 번째 장벽은 기독 초중고교의 허가 문제였다.

하나의 도전을 해결하고 나면, 바로 다음 도전과 씨름해야 했다. 당시 나는 사역의 안정성을 위해 사역자의 자녀 교육 문제를 해결해 주어야 한다고 생각했다.

인도네시아에 영어로 가르치는 학교가 몇 곳 있었지만, 대부분이 자카르타에 있고 교육비도 많이 들었다. 대학 부지는 자카르타로부터 차로 한 시간 넘게 떨어져 있었다. 때로 고속도로 공사로 차가 막히면 세 시간도 걸렸다. 그래서 사역지 근처에서 자녀를 교육하는 방안이 필요했다.

또 하나는 당시 단기 비자로 들어와서 중간에 비자 연장을 위해 해외에 나갔다 오는 일이 잦아서, 정규 프로그램과는 달리 해외에 있는 동안에도 자녀들이 공부를 따라갈 수 있는 커리큘럼이 필요했다.

그것을 놓고 기도하던 중에 'SOT'(School of Tomorrow)라는 기독 교육 프로그램으로 학교를 운영하는 얀또(Janto) 교장 선생님과 우연히 만났다. 그로부터 인도네시아에 대안학교를 설립해서 SOT의 자기주도 학습 프로그램으로 교육하는 것이 가능하다는 조언을 들었다. 우리 팀은 세 가정, 곧 여섯 자녀의 교육이 필요한 상황이었다.

그래서 2015년 초에 아이들을 설득해서 우리 집 거실에서 학교를 시작했다. 아이들의 부모와 사역자들이 선생님이 되었다. 학교 이름은 '코너스톤 글로벌아카데미'(Cornerstone Global Academy, 이하 CGA)로 정했다. 초대 교장은 중국 선교사 자녀로 자라 미국에서 바이올라대학교와 컬럼비아대학교 교육대학원을 나와 우리 팀에 합류한 청년 선생님이 맡았다.

이후 주변 선교사나 목회자들도 우리 학교에 자녀를 맡기기 시작하면서 더 이상 가정에서 수용할 수 없는 인원이 되어, 리뽀 찌까랑(Lippo Cikrang) 지역 인근 상가 두 채를 빌려 학교와 사무실로 사용했다. 그러자 한인 기독교 가정에서 아이를 보냈고, 인도네시아 가정 아이도 하나둘씩

왔다. 그즈음 우리는 크리스천 현지인 교사도 고용하기 시작했다.

학교가 커지면서 중요한 필요가 생겼다. 영어로 교육하기 위해 영어를 구사하는 외국인 사역자를 고용하여 교사로 등재해야 하는데, 대안학교의 경우는 외국인을 청빙할 법적 자격이 없었다. 우리 사역자를 교사로 등재하는 것과 외국인 학생을 초청하고 유학 비자를 주는 것도 허용되지 않았다.

한번은 한 학부모님이 찾아와서 항의했다. 우리 학교가 대안학교라서 한국 정부가 학력으로 인정해 주지 않을 수 있다는 사실을 들어서였다. 그는 외국에서 합법적 신분으로 공부한 한국 학생들을 위한 입시 전형인 '재외국민 전형 십이 년 특례' 제도를 고려해서 아이를 공부시키려 한다고 했다.

실은 당시 인도네시아 상황을 잘 아는 한국 교민은 우리 초중고교에 여러 불신이 있었다. 인도네시아 정부가 외국인이 운영하는 기독 학교를 행정적으로 허가해 줄 리가 없다고 생각했기 때문이다. 나는 같은 신앙을 가진 부모로부터 항의와 압력을 받으니 마음이 어려워서 이 문제를 놓고 하나님께 기도했다.

원래는 대학 사역에 집중하려 했기에 초중고교는 최소한의 투자로 지탱하려 했는데, 인근 한인 학생들을 받으면서 투자 규모를 키워 정부로부터 학교 허가를 받는 방법을 고려해야 했다. 하지만 우리의 영어 커리큘럼으로 인도네시아 교육부의 인증을 받는 게 가능해 보이지 않았다.

사실 우리 사역자들은 학교를 시작할 때, 자녀들의 십이 년 특례를 기꺼이 포기했다. 그래서 한국 한동대학교에 가기로 마음먹은 큰아이 동연이는 학력 인정을 받기 위해 한국 검정고시를 따로 준비해야 했다. 한국에서 한 번도 살아보지 않은 아이여서, 국사와 국어 시험을 준비하는 게 녹록지 않았다.

그러던 중, 나는 인도네시아 SOT 학교 관계자 모임에 참석했다가 놀라운 사실을 알았다. 인도네시아 교육부가 대안학교도 인증 절차를 거쳐 정식 학력으로 인정하기로 최근에 제도를 바꿨다는 거였다. 교육부에 확인해 보니, 지난번에 교육부 관계자가 학교에 다녀갔던 것이 인증을 위한 절차였다는 것과 우리 학교가 이미 교육부가 인증한 학교 리스트에 정식 등록이 되었음을 알았다.

허가를 위해 뛰어다니지 않았는데 하나님께서 교육부 인증을 받게 하시고, 학생들의 진학 문제를 정확한 타이밍에 해결해 주신 거였다. 나는 십이 년 특례 혜택과 우리 학교 졸업장이 대사관 공증을 통해 공식적으로 인정될 수 있음을 확인한 후, 첫 졸업 예정자인 큰아이에게 전화했다.

"동연아, 너 검정고시 준비 안 해도 된대…. 하나님께서 그사이에 너를 위해 일하셨어."

"아빠… 어떻게… 이런 일이! 이 문제 놓고는 차마 기도도 못 했는데…."

"하나님께서 기도한 것만 들으시는 게 아니야. 그분을 신뢰하고 따라가는 사람들을 위해 예비하시는 도움의 손길이 있어. 하나님은 의리가 있으신 분이야."

"그러네요. 맞아요…. 하나님이 의리가 있으시네!"

무엇보다도 이 과정을 통해 아이들이 하나님의 개입하심이 구체적으로 어떤 건지를 체험할 기회가 되어 감사했다.

그 직후, 친분이 있던 교육 관계자를 통해 인도네시아에 새로운 기독 학교 설립을 위한 법안이 국회를 통과했다는 사실도 알게 되었다. 인도네시아에는 '마드라사' 또는 '쁘산뜨렌'이라 불리는 수만 개의 이슬람 학교가 존재한다. 이들은 이슬람 종교 교육과 일반 공교육 과목을 절반씩 가르치며, 국가 공인 졸업장을 수여한다.

인도네시아 헌법이 여섯 개 종교를 인정하는 만큼 이슬람의 쁘산뜨렌에 해당하는 타 종교의 학교도 법적으로 인정해야 한다는 해석에 따라, 비슷한 조건의 기독 특수학교 제도도 법적으로 허용해야 한다는 종교학교 법안이 국회를 통과한 것이었다. 이에 따라 기독교 신학을 집중적으로 교육하는 특수 목적 학교 설립이 허용되었다.

게다가 당시 기독 특수학교 관련 법안은 나왔지만, 종교부에서 세부 규정이 정비되지 않아서 우리 학교에 여러 가지 편의를 봐줄 수 있었다. 우리 초중고교는 미국 기독교 커리큘럼으로 영어에 기초한 교육을 하지만, 이 교육 체계를 크게 훼손하지 않는 선에서 등록 허가를 받았다. 그래서 우리 학교는 인구 삼백이십오만 명의 버카시(Bekasi) 지역에 허가된 기독 특수학교 두 곳 중 하나가 되었다. 또한 학교를 운영하고 기독 교육을 담당하는 선교사들이 적법한 비자를 받고 활동할 수 있도록 기도해 왔는데, 이것도 법적으로 가능하게 되었다.

2016년에 시작해서 2019년에 이르기까지 초등, 중등, 고등학교가 단계적으로 허가를 취득했다. 이에 따라 사역자들이 안정된 법적 테두리에서 사역할 수 있는 길도 열렸다. 또한 교직원 자녀의 교육과 인근 지역 기독교 가정 자녀의 교육, 더 나아가서 영어 교육을 원하는 타 종교 배경의 학생들에게 기독 교육을 시키는 것도 가능해졌다. 한순간에 법이 바뀌어서 불가능할 것만 같았던 일이 정확한 때에 우리가 소원하고 바라는 방식으로 이루어진 걸 생각하면, 지금도 믿어지지 않는다.

대학교 허가 전에 초중고교 운영으로 일이 너무 커지는 것은 우리 팀이 원하는 바는 아니었지만, 투자 규모가 커질 수밖에 없었다. 동시에 우리 캠퍼스를 유치원 아동부터 성인에 이르기까지 전 세대가 와서 공부하는 캠퍼스로 만들어가는 것이 하나님의 계획임을 기도 중에 깨달았다.

일을 벌이고 싶어 하지 않는 나를 어쩔 수 없는 상황 가운데 두셔서 나의 영적 근육을 스트레칭시키시는 하나님의 손길을 느꼈다. 그러면서 더 나아가 유치원 설립도 준비해야겠다고 생각했다.

그래서 캠퍼스 이름을 한국 교육 단지(Korea Education Complex)로 지었고, 약자로 '케이 에듀플렉스'(K-Eduplex)라고 부른다. '케이'는 인도네시아어로 크라이스트(Kristus, 크리스투스)의 약자이자 '사랑'이라는 뜻의 까시(Kasih)의 약자로도 풀이할 수 있다.

하나님이 길을 열어가실 때는, 특별한 일을 이루고자 하시는 그분의 섭리가 반드시 있다. 우리 학교에 '토토'라는 자폐증을 앓는 초등학교 저학년 학생이 있었다. 토토는 학교에서 소란을 피우고, 제지하는 선생님을 물거나 폭력을 행사했다. 이전 학교에서 폭력성 때문에 여러 차례 퇴학당했고, 그 과정에서 선생님들로부터 구타도 당한 것으로 보였다. 그래서 수업 시간에 자기를 저지하는 선생님에게 강한 공격성을 드러냈다.

인도네시아 선생님들은 토토를 더 이상 학교에 둘 수 없다며 퇴학시키자고 건의했다. 하지만 나는 장애아도 함께 공부하는 학교를 지향했기에 아이를 품고 가자고 했다. 다른 학교에서 버린 토토를 우리도 버린다면, 아이는 갈데가 없었다. 나는 우리 학교의 존재 이유가 다른 학교가 꺼리는 희생을 하기 위해서라고 생각했다.

그러나 이는 한 사역자가 그 아이만을 위해 헌신해야 하고, 학교도 희생을 각오해야 함을 의미했다. 학교를 세워가는 내 처지에서 보면 큰 손실이지만, 하나님나라의 가치를 세워가는 데 투자해야 한다고 생각했다.

때마침 수원 중앙기독초등학교에서 파견해 준 특수교육 전공의 선생님이 몇 년간 헌신적으로 토토를 전담해 주었다. 놀랍게도 아이가 학교를 편안하게 생각하고 좋아

하게 되면서 태도에 변화가 생기기 시작했다. 시간을 두고 점차 순해져서 양같이 바뀌었다.

토토가 중학생이 된 어느 시점에 토토의 엄마가 내게 찾아와 고백했다. 그녀는 자신이 뇌수술을 받고 누워 있는 동안, 다른 사람이 대소변을 받아주어야 했다고 했다. 한 번은 옆에 도울 사람이 없어서 토토에게 부탁했는데 놀랍게도 그 말에 반응해서 엄마의 소변을 버려주었다고 했다. 비록 코를 막으면서 싫은 내색은 했지만, 엄마를 도울 정도로 변화가 일어났다는 사실이 놀라웠다.

이 자폐 학생으로 말미암아 다른 학생들도 같이 성장했다. 토토가 소란을 피우는 상황에도 개의치 않고 인내하며 집중하는 훈련을 할 수 있었다. 그리고 토토에게 더 잘해보자고 응원하는 편지를 써주기도 했다. 그렇게 다른 학생들도 약한 지체를 수용하고 일원으로 받아들이는 사랑의 훈련을 해나갔다.

2015년 초 우리 가정에서 처음 수업을 받았던 초기 학생들은 편안한 교육의 기회를 내려놓고 부모에게 순종하며 하나님의 인도하심에 자신의 미래를 맡겨야 했다. 그런데 하나님은 그들이 미국, 일본, 한국 그리고 인도네시아의 좋은 대학교에 장학금을 받고 입학할 수 있도록 교육 기회의 문을 신실하게 열어주셨다.

학생 중에는 불안정한 환경에서 자라며 삶과 정서가 망가진 아이들도 있었다. 이들 가운데 하나님이 찾아와 주셨고, 또 선생님들의 헌신으로 성장이 일어난 놀라운 간증들이 있다. 현재 그들은 다 자기가 원하는 대학교에서 학업을 이어가고 있다.

하나님께서 불가능의 환경 속에서도 학교를 세우신 이유는, 우리 학교를 통해 하나님이 사랑하시는 자녀들 안에 선한 변화를 이루시고자 하는 특별한 계획이 있었기 때문임을 깨달았다.

아무것도 염려하지 말고 다만 모든 일에 기도와 간구로, 너희 구할 것을 감사함으로 하나님께 아뢰라 그리하면 모든 지각에 뛰어난 하나님의 영광이 그리스도 예수 안에서 너희 마음과 생각을 지키시리라 **빌 4:6,7**

4장

JIU 설립 과정에 나타난 기적들

캠퍼스 건축을 도우시다

다섯 번째 장벽은 캠퍼스 건축의 도전이었다.

대학교 사역을 시작하려면 먼저 캠퍼스 건물 건축을 시작해야 했다. 학교 건물을 갖는 것이 대학교나 기타 학교의 허가를 위해 선결과제였다. 건물을 짓기 위해서는 건물 한 동당 수십억의 재정이 필요했다. 한편 대학교 허가도 받지 못한 상황에서 건축을 위해 기금을 조성하고 후원을 받기는 어려웠다. 성취 가능성이 낮은 일에 후원하려는 사람의 수는 매우 적기 때문이다.

건물을 세우기 위해서는 먼저 캠퍼스 전체를 설계한 마스터플랜이 필요했다. 최소 일억오천만 원이 넘는 비용이 드는 과제였다. 물론 우리에게는 그럴 재정이 없었다. 또한 우리 팀 안에 아직 전문적인 건축가도 없었다. 어느 선교지든 선교사는 건축 문제로 큰 고통을 당한다. 그래서 몽골에서 어느 선교사님은 건축할 때마다 치아가 한 개씩 빠졌다고 하소연했다.

누군가 이 일을 맡을 사람이 필요했기에 건축 담당 책임자를 만날 수 있기를 기도했다. 그러던 중, 미시간대학교 건축학과를 졸업하고 학교 건축 전문회사에서 설계사로 근무하다가 선교사로 자원하여 와이엠(예수전도단)에서 사역하던 오창권 선생님과 연결되었다. 이슬람권 선교에 대한 부담이 있던 선생님은 기도 후에 응답받고 우리 사역에 합류했다.

오 선생님이 합류하는 과정에서 '바미'(Bami)라는 건축사 중심의 선교단체와 연결됐다. 건축학과 학생과 건축 관련 전문가 그룹이 함께 팀을 짜서 인도네시아에 들어왔다. 그리고 현장을 본 후, 열흘간 함께 작업하면서 마스터 플랜을 만들어주었다. 이것을 바탕으로 개별 건물의 도면을 만들고, 건축 준비를 할 수 있었다.

건축을 앞두고 우리가 넘어야 할 또 하나의 큰 고비는 건축허가였다. 건축허가를 받으려면 학교 허가 서류를 첨부해야 한다는 요구가 있었다. 그런데 문제는 학교 허가를 받기 위해 먼저 준비되어야 하는 게 건물이었다. 닭이 있어야 달걀이 있고, 달걀이 있어야 닭이 있을 수 있는 상황이었다.

인도네시아 행정은 관료주의가 심하다. 하나씩 절차를 통과할 때마다 시간과 재정이 들었다. 정부 관계자들은 넘기 어려운 복잡한 제도적 장벽을 만들고, 허가를 신청한 사람들에게 대가를 요구하는 경우가 많았다. 하지만 우리는 그렇게 할 수가 없었다.

고비마다 그런 요구를 거부하며 전진하는 게 가능할지 생각할 때마다 영적으로 큰 부담에 눌리곤 했다. 또한 건축을 위한 주민 동의서도 부담이 되었다. 캠퍼스 부지는 무슬림 인구가 95퍼센트 이상 차지하는 지역에 있는데다 보수적이고 극단적인 성향의 무슬림이 다수 거주하고 있어서 교회에 대한 다양한 공격이 존재했고, 교회 허가를 받기 어려운 지역 중 하나였다.

인근 지역에 가톨릭 성당을 증축할 때도 무슬림 단체의 반대 시위로 좌절된 일이 있었기에 우리 사역도 이미 교회가 뒤에 있다는 게 알려진 상황에서 다수 주민의 동의를 받는 게 쉽지 않았다.

더욱이 주민들의 반대를 의식했는지, 지방정부 담당자

가 건축허가를 차일피일 미루었다. 우리의 건축이 법적으로는 하자가 없더라도 당국자가 종교적, 사회적 이유로 허가를 미루면 우리가 쓸 수 있는 카드는 없었다. 그런데 마침 우리를 옆에서 돕던 연합교회 장로님이 담당자와 만나 합의해 주었다. 담당자가 곧 다가올 지방선거에 나간다는 사실을 알고, 선거 전략을 조언해 주기로 제안하면서 막혀 있던 빗장이 열렸다.

막막했던 건축허가를 받은 기쁨도 잠시, 그다음 문제를 해결해야 했다. 우리 쪽 건축책임자였던 오창권 선생님은 미국 건축회사에서 근무할 때는 팀의 구성원으로서만 일하다가 이제 일 전체를 맡는 책임자가 되려니 부담감이 막중했다. 더군다나 본인이 갖고 있던 건축 포트폴리오와 설계 관련 자료를 선교지에 나오면서 모두 버리고 온 상황이었다. 더욱이 우리는 인도네시아 건축 법규와 방식에 대한 이해가 거의 없었다.

이즈음 한국 건설회사 담당자로 동남아시아에서 오랫동안 건설 현장을 지휘했던 한 집사님을 만났다. 그는 우리 건축팀에게 건축에 필요한 모든 기본 정보를 주고, 신뢰할 만한 현지 팀과 회사도 연결해 주었다.

하나님의 이런 섬세한 인도하심을 경험하지 못했다면,

나는 중간에 건축을 시작할 용기를 잃었을지도 모른다.

건축을 앞두고 기도할 때, 하나님께서 느헤미야서 2장 18절 말씀으로 도전을 주셨다.

> 또 그들에게 하나님의 선한 손이 나를 도우신 일과 왕이 내게 이른 말씀을 전하였더니 그들의 말이 **일어나 건축하자** 하고 모두 힘을 내어 이 선한 일을 하려 하매

이 말씀에 힘입어서 "일어나 건축하자"라는 구호로 건축을 위해 기도하며 나아갈 수 있었다.

재정과의 싸움

여섯 번째 장벽은 사역 운영과 캠퍼스 건축을 위한 재정 마련이었다.

건축허가가 나오고 건축회사 선정이 코앞에 다가오자 가장 큰 문제에 직면했다. '건축에 필요한 재정을 어떻게 할 것인가'였다. 첫 건축에 한국 돈으로 약 오십억 원이 필요했다. 하지만 건물 주변을 정돈하고 주차장을 만들고 내부 기자재를 들이는 것까지 하면, 그 이상이 필요했다.

그동안 수년에 걸쳐 후원받았지만, 건축허가 비용과 설계 등을 하느라 상당한 재정이 소요되었다.

그 와중에 부지를 이양받고 보니 그간 부지 관리비를 수년간 한 번도 납부한 적이 없어서 그것을 완납해야 단지 내 건축허가를 줄 수 있다는 통보를 받았다. 이 비용을 해결하고 나니 수중에 오억 정도가 남았다. 전체 공사비의 10퍼센트밖에 안 되는 재정으로 공사를 시작할 수 있을지 의문이었다. 일 년 안에 나머지 90퍼센트를 채울 자신이 없었다.

오십억 원이라는 재정은 내가 믿음만으로 반응하기에는 너무나 큰 액수였다. 일반 교회는 고정적인 헌금 수입이 있기에 은행에 융자를 신청할 수 있지만, 우리는 고정 수입이 없었다. 당시 건축을 위한 약정 후원은 일만 원에서 십만 원을 다달이 약정한 소액 후원이 전부였다. 귀한 헌금이었지만, 이 후원을 일 년간 모아도 일억 원도 채워지지 못했다.

건축 외에 다른 영역에서도 재정의 압박이 있었다. 운영을 위해 계속 재정이 필요했다. 출장에 들어가는 판공비도 스스로 마련해야 했다. 우리 가족의 생활비를 전적으로 후원해 주는 교회나 단체도 없었다. 더욱이 우리에게는 자카르타 물가를 버겁게 느끼는 사역자 가정이 여럿 있었다.

그들을 재정적으로 도와야 했다. 또한 우리가 세운 교육 회사의 투자비 부담도 계속 커졌다. 전에는 책의 인세와 무명의 후원이 있어서 필요를 충당했지만, 인도네시아 사역이 시작되면서 그런 수입이 마르기 시작했다. 모든 경제적 필요에 대해 하나님이 주시는 공급을 구해야만 했다.

그런데 놀랍게도 기도할 때마다 하나님께서 '약속을 믿고 전진하라'라는 마음을 주셨다. 사람이 이루지 못하는 일을 그분이 이루겠다고 하셨다. 다른 길을 보여주지 않으셨기에, 나는 그저 한 걸음 한 걸음 버티면서 나아가는 수밖에 없다고 생각했다.

일반적으로 대규모 학교 사역 후원은 한국의 큰 교회가 도울 때 가능하다는 인식이 있었다. 하지만 당시 한국 교회는 교인이 줄고, 교계 분위기도 위축되는 상황이어서 큰 교회들이 새로운 대형 학교 사역을 위해 마음을 열 수 없었다. 대부분 세대교체를 하고 있어서 청빙 받은 목회자가 대형 프로젝트를 추진하는 것이 불가능했다.

이런 때 대책 없이 건축을 진행하는 게 자살행위처럼 보였다. 더구나 하나님께서는 내가 외부 집회에 나갈 때도 말씀만 전하고 오라는 마음을 주셨다. 사역과 필요에 대해 나누지 말라는 부담이 늘 있었다. 또 사역을 보호하기 위해 우리의 사역 방향을 외부에 나누기도 어려웠다. 그래도 대형 교회에 말씀을 전하러 갈 때면 내심 '하나님께서 후원을 연결해 주시지 않을까' 기대하기도 했다. 하지만 기대한 곳에서 후원이 성사되는 경우는 거의 없었다. 내 노력이나 관계를 통해 후원이 연결되지 않았고, 대부분 전혀 예상하지 못하는 곳에서 후원이 열렸다.

하나님은 약속을 신실하게 이루어 가셨다. 해외 기독인 사업가들의 마음에 감동을 주셔서 우리와 연결해 주셨다. 늘 재정이 부족하고 아슬아슬했지만, 그들의 특별한 헌신으로 한 번도 건축회사에 약속한 대금을 내지 못한 적이 없었다. 공사를 마쳤을 때, 빚을 한 푼도 지지 않았다. 지금 생각해도 이해되지 않는 신비다.

그런데 건축을 마치자, 건물 관리비 포함, 운영을 위한 재정이 더 필요했다. 우리 재정팀 사역자가 등록금과 기존 후원 수입 외에 일 년 운영비를 충당하기 위해서 추가로 더 후원받아야 할 액수가 사십만 사천 불이라고 한숨 섞인 목소리로 보고했다. 일반적으로 교회는 일 년간 들어올 헌금 수입을 예측하고 예산을 세운다. 하지만 우리는 아예 수입을 예측할 수 없는 상황이었다. 지출에 대한 예산만 세울 수 있었다.

내게는 그 부족분을 채울 능력이 없으므로 그저 하나님께 맡기고 가자고 말했다. 일 년이 지난 후, 지난해 받은 후원 내역을 보고받았다. 총액이 사십만 팔천 불이었다. 재정담당자는 지난해 후원 필요분으로 보고했던 재정보다 사천 불이 더 들어왔다고 웃으며 이야기했다. 사람의 노력으로는 액수를 맞추고 싶어도 이렇게 맞출 수 없었을 것이다.

두 번째 건물 건축을 시작할 때, 나는 하나님께 기도했다. 재정의 절반은 채워주셔야 건축을 시작할 용기를 낼 수 있을 것 같다고 말이다. 그때 캐나다의 한 권사님이 연락을 주었다. 하나님께서 권사님이 노후를 위해 대여 수입 목적으로 갖고 있는 집을 팔아서 우리를 후원하라는 말씀을 주셨다고 했다. 그 특별한 헌신이 계기가 되어 두 번째 건물을 짓기 시작했다.

권사님이 보낸 이메일 끝에 담긴 한 문장이 내 마음에 남아 다음 건물을 지을 용기가 생겼다.

"사후 대책만 분명하다면 노후 대책은 그리 중요한 문제가 아니라고 생각합니다."

그 후, 기숙사 공간인 세 번째 건물 '토마스 하우스'도

몇 분의 해외 거주 독지가의 도움으로 완공할 수 있었다. 그리고 2024년 11월에 네 번째 건물인 초중고교 단독 건물 건축을 시작했다. 여전히 채워야 할 재정이 있지만, 하나님께서 친히 이 필요에 반응해 주시기를 기대하며 기도한다.

돌아보면, 고비마다 하나님께서 창의적인 방법으로 사람을 연결하시고, 우리의 필요를 정확한 때에 채워가셨다. 그것을 다 기록하자면, 지면이 모자랄 것이다. 영국에서 고아 사역을 했던 조지 뮐러는 수만 번 기도 응답을 경험했다고 한다. 그가 경험한, 기도를 통해 재정이 채워지는 기적이 이 시대에 우리 사역 가운데 그대로 나타났다.

우리에게는 재정적으로 더 큰 필요가 있었지만, 때를 따라 채움을 받았다. 이 과정에서 사역이 이루어지기 위해 필요한 것을 내가 다 가지고 있거나 모든 상황을 통제하지 못해도 괜찮다는 것을 배웠다.

사역 초창기에는 주요 후원자가 한국 교회가 되지 않을까 기대했다. 물론 감사하게도 여러 교회가 힘껏 도와주었다. 하지만 한국 교회의 재정 기여도는 7퍼센트 정도였고, 대부분은 해외에서 사업하는 기독 실업인들의 도움이었다.

하나님은 내게 사역의 동역자로 해외에서 사업하는 분들을 우연한 기회에 붙여주셨다. 이들 가운데 사업과 관계의 어려움으로 삶의 밑바닥을 경험한 사람들도 있었다. 하나님께서는 그 어려운 시간 동안 우리가 함께 기도하고 위로하며 그들을 믿음으로 세워줄 수 있는 기회를 주셨다. 우리를 돕는 사람들을 하나님이 직접 도우시기를 중보하며 도왔다. 물론 나중을 기대하고 도운 건 아니었다. 하나님께서 그저 그들을 향한 긍휼의 마음을 부어주셨다.

감사하게도 믿음의 선포가 이루어지고, 그들의 사업 가운데 우리의 사역과 같이 기적적인 돌파가 일어나는 걸 목격했다. 그들의 믿음의 간증 하나하나가 하나님의 신실하심과 약속을 이루시는 역사의 산 증거가 되었다. 아울러 그들이 우리 사역의 신실한 친구가 되어 우리가 어려운 시기를 지날 때 든든한 버팀목이 되어주기도 했다. 그렇게 사역과 후원자와의 친구 관계가 같이 자라갈 수 있었다.

부름 받은 사역의 길을 가는 동안, 재정의 필요와 대면하는 과정이 계속 있을 것이다. 이미 많은 채움을 받은 경험이 있지만, 새롭게 다가오는 요구는 우리를 다시 압박하곤 한다. 하지만 과거를 돌아볼 때마다 하나님께서 말씀 가운데 주신 약속을 신실하게 이루셨음을 고백하게 된다.

그래서 지금까지 함께하신 하나님을 신뢰하고, 그분과 발맞추어 동행하며, 인도하심을 구하며 나아간다.

나의 하나님이 그리스도 예수 안에서 영광 가운데 그 풍성한 대로 너희 모든 쓸 것을 채우시리라 **빌 4:19**

주변 환경의 놀라운 변화

일곱 번째 장벽은 학교 대지의 외진 환경이었다.

대학교가 설립될 예정인 부지는 자카르타의 위성도시인 델타마스(Deltamas) 지역으로 '시네르마스'라는 현지 회사와 '소지츠'라는 일본 회사가 공동 개발하는 신도시였다. 하지만 대학 건물을 지을 때만 해도 우리 부지까지 들어오는 도로가 없었다.

학교 부지로 들어가려면 도로에서 약 1킬로미터 정도 진흙밭을 걸어서 통과해야 했다. 들어갈 엄두를 낼 수 없는 곳이었다(도로가 나지 않았다는 건 수도관과 배수, 전기 설비 등의 기반 시설도 들어오지 않은 것이다. 이런 상태에서 건설을 시작하면, 전기와 수도를 끌어오는 비용이 건축비보다 더 든다).

우리 부지는 자카르타에서 반둥 그리고 더 나아가 인도네시아 제2의 도시인 수라바야까지 연결되는 고속도로변에 있었다. 한국으로 비유하면, 경부 고속도로변의 분당이나 죽전 위치라고 할 수 있다. 문제는 차로 오십 분이면 자카르타에 도착할 수 있지만, 고속도로 정체로 두 시간 이상 소요되는 경우가 많았다.

대학교는 교통의 요지에 위치해야 한다. 특히 자카르타는 대중교통 상황이 좋지 않아 학생들이 통학하는 건 불가능했다. 물론 기숙사를 갖출 예정이었지만, 인근 편의시설이나 배후 단지가 미비한 상황에서는 학생을 유치하거나 교수진을 확보하는 데 불리할 수밖에 없었다. 급하게 설립을 진행해야 하지만, 기반 시설 없이는 큰 어려움을 겪을 가능성이 컸다. 그러나 이 역시 우리가 할 수 있는 일은 없었다.

그런데 첫 건물 건축을 결단할 즈음, 델타마스시 측에서 우리 부지 한쪽 면까지 길을 내주었다. 놀라운 타이밍이었다. 그 결과, 건축을 시작할 때는 큰길에서 부지 내의 신축 건물까지 임시 도로를 내서 공사를 시작할 수 있었다. 더군다나 시에서 도로와 함께 전기와 수도 그리고 하수관도 같이 공사해 주었고, 인터넷 설비도 적절한 시기에 갖출 수 있었다. 그리고 몇 년 후에 고속철도역이 부지 인근으로 들어선다는 사실이 알려졌다.

원래는 일본이 고속철도 계획안을 인도네시아 정부에 내고 각종 조사를 진행했다. 그런데 정부가 중국 쪽 로비를 받고 수주를 주면서 고속철도역이 학교 캠퍼스 가까운 쪽으로 바뀌었다. 또한 고속도로가 이 층으로 건설되면서 통행 속도가 빨라졌다. 외곽 순환 고속도로도 건설되어 우리 부지 가까이에서 기존 고속도로와 만날 예정이어서, 교통 환경이 크게 개선되었다.

더 나아가, 대학교를 설립할 신도시 지역이 인도네시아의 최첨단 무공해 산업의 중심지로 변모했다. 대표적으로 현대 자동차 전기차 공장이 인근에 들어왔다. 정부가 다른 지역에 무상으로 토지를 제공하겠다고 제안했지만, 굳이 우리가 있는 지역으로 토지를 구매해서 들어왔다. 그 외에 이차전지 관련 기업들이 인근에 들어오기 시작했다. 일본과 중국의 자동차 회사도 입주했고, 아마존 데이터 센터도 들어왔다.

학생들이 여가를 즐길 공간이 필요했는데 일본의 이온몰(Aeon Mall)이 동남아 최대 규모로 학교 대지에서 300미터 정도 떨어진 위치에 들어오면서, 학교가 인도네시아에서 가장 개발 붐이 이는 지역 한복판에 위치하게 되었다.

또한 교통의 사통팔달로 자바섬 전역을 품고 일할 수 있었다. 그리고 한·중·일 교민의 커뮤니티 한복판에서 이들을 대상으로 사역하게 되면서 섬김의 지경이 넓어졌다.

물론 이런 환경이 되면서 토지세와 건물세 부담이 커지고 불편한 부분도 많아졌다. 지방정부에서 비영리재단이 소유한 토지에도 토지세를 부과했기 때문이었다. 그런데도 캠퍼스의 다양한 구성원이 편의시설을 가까이에 두고 누릴 수 있게 된 건, 캠퍼스를 처음 개발할 때는 상상하지 못했던 축복이었다.

하나님께서는 우리가 상상하거나 기대할 수 없는 것을 준비하시고, 우리 순종의 첫걸음을 기다리고 계셨다.

다시는 너를 버림받은 자라 부르지 아니하며 다시는 네 땅을 황무지라 부르지 아니하고 오직 너를 헵시바라 하며 네 땅을 뿔라라 하리니 이는 여호와께서 너를 기뻐하실 것이며 네 땅이 결혼한 것처럼 될 것임이라 **사 62:4**

여덟 번째 장벽은 대학교 허가를 받는 도전이었다.

지금까지는 인도네시아에 외국인이 들어와 대학교를 세운 사례가 없었다. 더욱이 기독교 정신으로 운영하는 대학을 세우는 데는 말할 수 없이 높은 벽이 존재했다. 내가 인도네시아에서 만난 목회자나 선교사 모두 이 일이 가능해 보이지 않는다고 솔직하게 말했다. 내가 보기에도 이 높은 벽을 넘을 수 있을지, 언제 넘을지 확신할 수 없었다.

앞서 말했듯이 내가 인도네시아에 도착한 지 얼마 지나지 않아 인도네시아 교육부는 대학 개혁의 필요성을 인식하고 대학 개혁안이 확정되기까지 무기한 신규 대학 허가 신청을 받지 않았다. 인도네시아의 속도를 고려하면 수년이 지나도 풀릴 것 같지 않았다.

그런데도 나는 이미 대학 운영을 위해 헌신하는 사역자 팀을 받고 있었다. 그들은 언제 대학 사역을 시작할 수 있을지 알지 못한 채 언어를 배우며 기약 없이 기다렸다. 그들에게 약속할 수 있는 게 없었다. 몇몇은 더 이상 가능성이 없다고 판단하고 떠나기도 했다.

우리는 초중고교를 먼저 시작하고, 대학교 본관 건물을 건축함과 동시에 단과대학 허가를 위한 서류를 준비했다.

언젠가 대학 허가 신청의 문이 열릴 때, 바로 서류를 넣을 수 있도록 준비하고 있어야 한다고 생각했다.

당시 인도네시아 고등교육부는 대학을 세 단계로 구분했다. 학과의 종류와 수를 기준으로 단과대학, 인스티튜트(institute) 그리고 종합대학교(university)로 나눴다. 대학 허가를 받으려면 가장 먼저 단과대학 설립 허가부터 시작해야 했다. 우리는 먼저 한 학과를 선정해서 단과대학 허가를 준비했다. 두 가지 기준으로 학과를 정했다.

첫째는 우리 안에 그 학과를 가르칠 사람이 두 명 이상 준비될 것과 둘째는 실용적인 분야여서 학생들이 바로 취업하기 쉬워야 했다. 마침 사역자 중에 회계학과 정보통신학 관련 학위와 경험이 있는 이들이 있어서 이 분야를 중심으로 학과 설립을 준비하기로 했다. 그리고 먼저 설비 투자가 많지 않아도 시작할 수 있는 회계학과로 정해 상경대 단과대학 허가를 준비했다.

감사하게도, 대학 설립 허가를 위해 일 년 반 동안 서류 준비를 하는 중에 고등교육부에서 대학 설립을 한시적으로 열어준다는 정보를 접했다. 이미 오랫동안 신설 학과 설립을 준비했다가 갑자기 문이 닫혀서 낭패를 본 일부 대학의 불만을 해소하기 위해서였다. 단 육 개월간 열린 문은 그간 대학 허가 작업을 진행해 온 우리를 위해 하나님께서 특별히 때를 맞춰 열어주신 기회라는 생각이 들었다.

그런데 설립 허가 기준이 예전과 비교할 수 없을 정도로 강화되었다. 우선 학교 대지와 건물을 소유해야 했다. 다행히 우리는 막 건축과 시설 준비를 마친 상태였다.

하지만 당시 고등교육부에 쏟아져 들어온 삼천여 개의 대학 학과 설립 신청서 중에 우리의 서류가 관심 있게 받아들여질지도 미지수였다. 십여 명 남짓한 고등교육부 직원이 그 많은 신청서를 기한 안에 처리하는 건 불가능했다.

그 무렵 고등교육부의 한 관계자가 우리에게 부실 운영의 문제가 있는 어문 계열의 단과대학을 인수할 의사가 있는지를 물어왔다. 교육부는 대학교 수를 삼 분의 일 수준으로 줄이려는 정책 방향을 갖고 있었다. 그들은 무리 없이 현행 대학 수를 줄이려고 신규 대학 설립보다는 대학 통폐합과 인수합병을 장려했다.

그래서 우리는 신규로 어문 계열 단과대학 허가를 추가로 신청하는 대신, 운영에 문제가 있는 영어학과와 일본어학과를 가진 한 어문 계열 단과대학을 인수 합병하는 방향으로 진행하기로 했다.

상경대학 신규 허가와 어문 대학 인수합병을 위해 감사

단이 우리 학교 캠퍼스를 방문했을 때, 그들은 우리의 준비 자세를 보고 깊이 감명을 받았다고 했다. 우리가 돈을 벌기 위해 온 외국인이 아니라, 진정으로 인도네시아 교육의 발전과 학생에게 국제적 수준의 교육을 제공하려는 의지가 있다고 보았다.

일 년을 기다리며 진행한 끝에 2018년 5월, 두 단과대학 허가를 동시에 받았다. 그 후 한국 경성대학교 총장님이 우리 캠퍼스를 방문했다. 그는 오랫동안 인도네시아에 기반을 만들려고 노력했는데도 대학 설립이 불가능하다고 판단하여 중단했다고 했다. 그래서 대학을 세우는 게 얼마나 어려운 일인지 잘 안다며 우리를 격려했다.

내게 능력 주시는 자 안에서 내가 모든 것을 할 수 있느니라

빌 4:13

5장

계속되는 도전과 돌파

인력 확보 과정에서 경험한 기적

아홉 번째 장벽은 탁월한 기독교인 현지 인력 확보였다.

인도네시아에는 노동시장에 외국인이 들어오는 걸 강하게 규제하는 법이 있다. 그래서 대학의 경우, 한 학과 설립을 위해 다섯 명 이상의 현지인 교수가 있어야 하며, 그 조건이 충족되어야 외국인 교수 한 명을 초청할 수 있다. 또한 외국인 교수를 고용하기 위해 노동 허가와 비자를 발급받으려면 무척 까다로운 절차를 밟아야 한다.

우리는 고등교육부의 규정에 맞추기 위해 많은 현지인 교수를 고용해야 했다. 국제대학교의 방향성에 맞게 영어로 강의할 수 있으며, 학과에 걸맞은 전공 학위도 있어야 했다. 또한 기독교 세계관에 기초하여 학생들을 교육 및 양육할 수 있도록 헌신되어야 했다. 하지만 현지에서의 네트워크는 극히 제한되어 있었고 이슬람권인 인도네시아에서 이런 조건을 갖춘 신실한 기독교인 스태프와 교수진을 구하는 건 너무나 어려웠다. 그래서 나와 팀원들은 현지인 동역자를 위해 오랜 시간 기도했다.

놀랍게도 하나님께서는 다양한 방식으로 현지인 교수진을 예비하고 계셨다. 선배 선교사님들이 훈련했던 귀한 기독 인재들이 특별한 방법으로 차례로 연결되면서 교수진과 행정직원들이 확보되었다. 여전히 모자라고 부족하지만, 학교 운영이 어렵지 않도록 우리에게 새로운 연결을 계속 허락하고 계신다.

처음에는 그다지 배경이나 학벌이 좋아 보이지 않고 영어 능력도 좋지 못한 직원이 많았다. 하지만 우리와 함께 일하면서 영어 실력이 늘고, 전문성도 갖추고, 영적으로도 성장했다. 이가 없어서 잇몸으로 버티던 시간을 지나고 나니, 의외로 이가 자라는 느낌이 들었다. 우리의 필요가 때를 따라 하나씩 채워져 감을 경험했다.

하나님이 너희와 함께하심을 들었나니 우리가 너희와 함께 가려 하노라 하리라 하시니라 슥 8:23

열 번째로 우리를 두렵게 만든 장벽은 학생 모집이었다.

2018년 5월에 학교 허가를 받고, 8월 말에 강의를 시작해야 하는데 학생을 받을 시간이 없었다. 대학 허가가 늦어질 수 있으므로 학생을 미리 받지 말라는 고등교육부의 경고 때문에 학생 모집 활동을 시작할 수도 없었다. 외국계로서 현지 기반을 갖지 않은 우리가 짧은 시간에 학생을 모으는 건 무척 어려웠다.

더욱이 기독 대학으로서의 정체성과 문화를 만들기 위해 몇 년간은 기독 학생 위주로 선발해야 했다. 그러려면 외부에 대대적으로 광고하며 학생을 받을 수는 없었다.

인도네시아 내 기독인들이 주로 거주하는 섬들이 있다. 일반적으로 그 섬들은 사회적 인프라와 교육 수준이 매우 낮았다. 우리 대학교는 이런 기독교인 밀집 지역에서 학생을 선발해서 나중에 그들이 출신 지역에서 부흥의 주역으로 성장하길 바랐다. 그래서 기독교인들이 거주하는 섬의 교회와 학교를 연결해서, 대학 진학을 원하지만 가정 형편상 진학을 포기해야 하는 학생을 받는 전략을 취했다.

전 세계적으로 무슬림이 다수인 지역에서는 기독교인들이 사회 저층을 형성하는 경우가 많다. 인도네시아도 예외가 아니어서 학생들이 학비는 고사하고 본인의 생활비와 용돈도 해결할 수 없는 경우가 많았다. 또한 입학했을 때 학력 수준이 미흡해서 학교에서 이들을 교육하기 위해 여러 가지로 도와야 했다.

학생들이 다녔던 대부분 고등학교에는 영어 선생님이 없었다. 영어 시간은 있지만, 수업 시간마다 시험지를 한 장씩 받아서 스스로 공부했다고 했다. 이들에게 대학 수준의 교육을 영어로 진행하는 게 불가능해 보였다. 개인용 컴퓨터도 없고 식비도 낼 수 없는 학생을 공부시키고, 방과 후에도 개인 교습을 위해 학교에서 추가 재정 헌신을 각오해야 했다.

그래도 우리는 최선으로 학생을 모았고, 이십 명이 채 안되는 학생과 첫 학기를 시작했다. 학생들은 영어로 수업을 들을 준비가 되어 있지 않았지만, 당시 교육부에서 요구하는 표준 커리큘럼을 사용하다 보니 영어 수업 시간을 많이 배정할 수 없어 영어를 가르치는 건 방과 후에나 가능했다. 이런 상황에서 어떤 결과를 얻을 수 있을지 자신할 수 없었다.

학생들이 처음 캠퍼스에 들어와서 오리엔테이션을 가질 때, 솔직히 나는 숨고 싶었다. 막 태어난 첫 아이를 안았을 때가 연상되면서 막연한 부담과 두려움이 몰려왔다. 내가 원하는 결과를 만들어 낼 세팅이 되지 않은 채, 그들을 교육하는 무거운 책임이 주어졌다고 느꼈다. 맞지 않는 옷을 입고 걷는 느낌이었다.

하지만 하나님께서 첫 입학생들을 사 년간 신실하게 잘 양육하게 해주셨다. 그사이에 코로나19를 경험했고, 학생들이 캠퍼스를 떠나 영어로 진행하는 온라인 수업을 들어야 하는 어려운 시간도 있었다. 그런데도 2022년 7월 첫 졸업식 때, 학생들은 유창한 영어로 학창 생활에서 받은 은혜를 간증했다. 졸업식에 참석한 사람들은 이들이 학교에 입학할 때만 해도 영어로 거의 말할 수 없었다는 사실에 놀라움을 금치 못했다.

졸업생 중에는 신입생 때 학교 건물을 보고는 "이렇게 큰 건물 안에 처음 들어와 봤다"라고 말한 학생도 있었다. 장래 희망이 "월급 삼백 불을 받는 직장에 들어가는 것"이라고 말한 학생도 있었다. 이런 졸업생 중 두 명이 후원자의 도움으로 미국 회계 사무소에 고용되어 초봉 삼만 불 이상을 받으며 미래를 준비하고 있다.

영어를 할 수 있다는 이유로 졸업생들은 좋은 직장에 들어갔다. 많은 졸업생이 언젠가는 자기 고향으로 돌아가 학교를 세우고 싶다는 포부를 밝혔다. 우리 대학교를 통해 받은 특별한 선물을 기억하고, 자신들도 동일한 것을 누군가에게 나누고 싶은 열망을 갖게 되었다.

이 년 차와 삼 년 차 신입생을 받으면서 내 고민은 깊어졌다. 계속 장학금을 주면서 무상으로 교육할 재정도 없고, 이런 상황이 계속되면 장기적 안정성을 확보할 수 없기 때문이었다. 등록금을 내고 학교에 다닐 수 있는 학생을 모집하는 것도 필요했고, 또 장학금도 계속 확보해야만 했다.

그런데 생각지도 못하게 한국의 한 기업과 연결이 되어 빈곤 아동을 돕는 NGO 출신 학생 중 대학 진학 기회가 없었던 학생들을 위한 장학금 제도가 만들어졌다. 덕분에 학생 모집과 장학금 확보에 숨통이 좀 트였다. 무거운 짐을 잔뜩 지고 등산하다가 큰 짐 하나를 누군가가 덜어주었을 때 느끼는 감사가 있었다.

"가지 많은 나무에 바람 잘 날 없다"라는 속담처럼 다양한 필요를 가진 학생들이 캠퍼스에 들어옴으로써 해결해야 할 문제가 더욱 많아졌다. 전인교육과 영성 그리고 언어 훈련을 위해 학생 전원 기숙사 생활을 의무로 하면서, 어려운 환경에서 자란 학생들을 받는 경우에는 학교 측에서 재정적으로 책임질 부분이 많았다. 식사 문제를 해결하기 위해 카페테리아를 만들어야 했고, 식비를 낼 수 없는 학생을 위해 추가로 도움의 손길을 찾아야 했다. 또한 코로나 기간에 개인 컴퓨터가 없어서 휴대전화로 공부하는 학생들을 위해 재정을 헌신해야 했고, 갑자기 아파서 병원에 가는 학생들도 챙겨야 했다.

그래서 현재 등록금을 내고 스스로 필요를 책임질 수 있는 학생들이 들어와 학교의 재정자립도를 높여갈 수 있기를 기도하며 노력하고 있다. 2024년에는 팔십여 명의 학생이 입학했다. 매년 백이십 명이 넘는 학생을 받을 기틀을 갖추면서 한고비를 넘게 된 것도 큰 은혜였다.

우리 학교에서는 인도네시아 빈민 학생 외에 아프간 난민 자녀를 위한 장학 프로그램도 운영한다. 한때 이민을 받아주는 서구 국가, 특히 호주와 뉴질랜드에 이민하기를 희망하는 수많은 이슬람권 난민이 인도네시아를 중간 경유지로 삼아 밀입국해 들어왔다. 그런데 호주와 뉴질랜드가 이민의 문호를 닫으며 코로나 상황에 수많은 난민이 인도네시아에서 어려운 시간을 보내야 했다. 경제활동을 할 수도, 교육의 기회를 가질 수도 없는 상황에서 난민들은 사회 저층을 형성하며 길바닥 생활을 해야 했다.

우리 학교에서는 아프간 난민 학생 중 복음을 받아들인 학생들을 입학시켰다. 정식 입학은 아니지만 이들이 해외로 이주했을 경우, 수업 들은 내용을 증빙해 주어 해외 정착을 돕기 위해서였다. 이들은 새로운 공동체가 생겼다는 사실에 감격하며 감사했다. 이를 계기로 탈레반이 장악한 아프간에서 위기에 봉착한 기독 학생을 구출하여 학교로 데려와서 교육하는 기회도 열렸다.

아프간 난민 학생 1기를 모집했을 때였다. 오리엔테이션을 위해 일박 이일로 인근 리트릿 센터에서 수련회를 진행했다. 체육 활동 시간에 그곳의 허름한 수영장에서 학생들이 즐겁게 물놀이를 하며 지내던 중, 한 난민 학생이 우리 사역자에게 고백했다.

"평생을 돌아봐도, 오늘처럼 많이 웃은 날이 없었어요."

더 나아가, 우리 대학교는 사회적 위기 상황 가운데 있는 미얀마와 방글라데시로부터 학생과 인턴을 받아 양육하고 있다. 또한 기독교인이 핍박받는 지역에서 학생들을 데려다가 영적, 학문적으로 양육하고 영어 능력을 장착시켜 현지 교회와 외부 세계를 연결할 인재로 키우고 있다.

초중고등학교인 CGA에서는 중국과 일본 기독 가정 자녀들에게 공부할 기회를 제공한다. 한국에서 온 학생들도 함께 공부하며 한·중·일 학생들이 함께 미래를 개척하고 있다.

나는 학사와 석사과정 중에 중국사와 일본사를 공부했다. 그 후 하나님께서 박사과정에서 중동역사로 전공을 바꾸게 하셔서 이란과 아프간 지역 역사를 공부했다. 하나님께서 왜 내게 여러 지역에 관해 공부하며 떠돌게 하셨는지 당시에는 다 이해할 수 없었다. 그런데 지금 하는 사역을 보니, 내가 공부한 지역의 학생들을 받아 양육하는 일로 나를 부르셨다는 사실을 깨닫게 되었다.

나는 학부와 석·박사 과정에서 전공을 바꿔가며 아홉 개 언어를 배웠다. 그리고 그것을 다 버려두고 선교 사역 전선에 뛰어들었다. 그런데 지금 내가 배운 언어를 사용하는 지역 학생들을 교육하고 있음을 깨달았다. 내가 버린 것을 하나님이 재활용하고 계셨다. 한 인생을 향한 그분의 계획은 삶의 한 과정을 한 바퀴 돌기까지 기다려야 비로소 이해되는 것임을 새삼 확인했다.

이날에 그들의 하나님 여호와께서 그들을 자기 백성의 양 떼같

사역자 공동체를 만드는 도전

열한 번째 도전은 함께 일할 선교사를 초청하고, 그들의
비자를 확보하여 공동체를 만들어 가는 일이었다.

우리가 꿈꾸는 국제대학교를 세우기 위해서는 다양한
외국인 교수 헌신자가 들어와서 사역해야 했다. 하지만 이
들의 비자를 만들기 위해 큰 비용과 시간이 들었다. 더구
나 대학교 설립 허가를 받기 전에는 외국인 교수 채용 자
체가 어려웠다.

자신의 직업을 버리고 보수 없이 헌신할 교육선교사들
을 구하는 것도 사역 초기에는 불가능에 가까워 보였다.
당시는 이런 필요를 외부에 자세히 알릴 수도 없어서 사
람들이 알아서 찾아와 주기를 기다려야만 했다. 그런데도
우리가 꼭 필요로 하는 분야의 사람을 마음에 품고 하나
님께 올려드리면 많은 경우, 신기하게도 보통 삼 개월에서
육 개월 안에 비슷한 조건을 갖춘 지원자로부터 연락이 오
곤 했다. 비로소 하나님께서 오래전부터 사역에 합류할 사

람들을 준비시켜 놓으셨고, 때를 따라 연결하고 붙여주신다는 것을 깨달았다.

돌아보면, 내 역할은 광야에서 깃발을 드는 것이었다. 그러면 그 깃발의 소식을 들은 누군가가 먼 곳에서부터 찾아와서 공동체가 만들어졌다.

캠퍼스 사역에 있어서 중요한 축 하나는 인도네시아 현지인 교수와 직원이었다. 또 다른 축은 해외에서 후원받아서 사역하는 선교사들이었다. 일반 대학이 아닌 해외 대학과 교류하고 국제적 환경에서 영어를 사용하는 캠퍼스 환경을 만들기 위해 이들의 존재가 필요했다.

그러려면 선교사 마음가짐을 가진 사역자를 초청하기 위해 적법한 노동 허가와 비자를 제공해야 했다. 인도네시아 조꼬위(Jokowi) 대통령의 첫 임기 초기에는 근로 허가와 체류 허가를 받는 것이 고통스러울 정도로 어려웠다. 하지만 2기에 들어서면서 조꼬위 정부가 외국의 투자를 적극적으로 유치하는 쪽으로 선회하면서, 다양한 사역자 그룹의 비자를 받는 게 수월해졌다.

초기에 우리는 대학교 설립과 사역자 초청을 위해 교육회사를 세워야 했다. 회사 설립을 위해 친분 있는 사람들의 개인 후원 등으로 많은 액수의 투자금을 넣었다. 우리는 이 투자금을 대학 교육을 위한 재원으로 활용하기를 원했지만, 그러면 교육회사의 허가와 운영에 문제가 되었다.

그러던 중에 인도네시아 정부가 '옴니버스 법'을 2020년 10월에 공표했다. 그 안에는 외국인 회사가 100퍼센트 지분을 가진 부동산 회사를 세우도록 허용하는 조항이 있었다. 이를 통해, 우리 교육회사가 부동산 회사로 변환하여 투자금을 초중고교가 사용할 캠퍼스 내 건물 구매를 위해 사용하고, 그 건물을 초중고교에 저렴하게 빌려줄 수 있게 되었다.

회사 허가와 학교 부지 개발 및 학교 운영비 지원과 더 나아가 운영을 맡은 사역자 노동 허가 문제를 동시에 해결할 길이 기적적으로 정확한 타이밍에 열린 거였다. 또한 건물을 소유한 대학 운영 주체인 재단이 교육회사의 투자금을 대학 초기 시설 투자와 운영을 위한 재원으로 합법적으로 사용할 수 있게 되었다.

우리 사역은 어떤 면에서는 '릴레이 사역'이다. 사역에 헌신하는 사역자 중 다수는 기간을 정하고 섬긴다. 또한 장기 사역자라도 안식년을 가져야 해서 하던 일을 중단하는 경우가 생긴다. 중요한 위치에서 일하던 사람이 나가면 우리 같은 자비량 사역자에 의존하는 기관은 대체할 헌신자를 찾기가 쉽지 않다. 그래서 초기에는 사역자가 사역을 그만두는 상황이 되면 상실감이 들고 막막했다. 사람은 계속 오가기 마련이지만, 사람이 떠나는 게 두려웠다.

사람을 보내고 채우시는 분이 하나님이심을 믿음으로 고백하기까지 시간이 필요했다. 그러나 놀랍게도 중요 위치에 결손이 생기면, 하나님께서는 어김없이 일할 사람을 때맞춰 보내주셨다.

예를 들어, 재정을 오래 맡아주었던 장로님이 한국으로 귀국하게 되면서 그 뒤를 이을 회계 담당자를 하나님께서 연결해 주셨다. 이후 그가 물러나게 되었을 때도 하나님은 또 다른 분을 예비해 주셨다. 또 한번은 건축을 맡았던 선생님이 기숙사 건축 시작을 눈앞에 두고 안식년을 떠나야 했다. 나는 이가 없으면 잇몸으로 갈 수 있다고 믿고 안식년을 차질 없이 다녀오라고 권면했다. 그런데 그가 떠난 다음 날, 삼성건설에서 오랜 시간 해외 건설 책임을 맡았던 선생님이 우리 캠퍼스를 방문했고, 감사하게도 그가 기숙사 건축을 위해 헌신해 주었다.

때맞춰 사람을 보내시고 연계해서 일을 진행하게 하시는 하나님의 특별한 예비하심을 계속 경험하며 이 일을 감당할 수 있었다.

또한 우리는 캠퍼스 주변에 집중적으로 거주하는 일본인 대상 사역의 필요성을 발견했다. 앞서 말했듯이 우리 캠퍼스는 인도네시아 부동산 개발회사와 일본의 종합상사가 함께 개발하는 '델타마스'로 불리는 대규모 산업복합 단지 안에 있다. 그래서 캠퍼스 인근에 다수의 일본 자동차 회사가 입주해 있고, 일본인 사오천 명 정도가 거주하고 있다.

일본에서 일본인을 전도하는 건 어렵지만, 해외에 나와 있는 일본인들은 새로운 사상과 종교에 마음의 문을 여는 경우가 많다. 그래서 우리는 일본인 전도를 마음에 품고 일본인 사역자를 놓고 기도했다.

그러던 중, 한국의 횃불 트리니티 신학교를 졸업한 일본인 사역자를 만났다. 그 후 또 다른 일본인 사역 지원자들을 만나서 함께 동역하며 일본인 예배를 시작했다. 이들은 교육 선교에 헌신된 평신도 사역자로, 이들을 잘 섬기는 건 일본 선교에 있어서 중요한 역사를 만드는 일이라고 생각한다.

2018년, 캠퍼스 안에 인도네시아어를 가르치는 어학원과 '진주'라는 뜻을 가진 '무띠아라'(Mutiara) 유치원을 개

원했다. 그러면서 자연스레 일본 원아 가족과 접하며 캠퍼스는 일본인을 위해서도 사역하는 공간이 되었다. 아울러 인도와 방글라데시, 캄보디아에서도 선교사들이 들어와서 함께 동역의 길을 가고 있다. 아시아권에서 아시아 교육 선교를 위한 자원이 만들어지고 성장할 수 있도록 캠퍼스가 사용되는 것에 감사한다.

물론 다양한 배경의 사람들이 한 공동체 안에서 섬긴다는 것은 많은 오해의 상황을 만들고, 여러 어려움을 초래하기도 한다. 그럼에도 좋은 공동체를 만들 사명이 우리에게 있음을 잊지 않으려 한다.

선교사들이 공동체를 이루며 사역하는 모습을 보고, 한 인도네시아 선배 선교사님이 이런 질문을 했다.

"팀이 구축되어서 동역하는 모습을 보니 참 좋아 보이고 부럽네요. 그런데 혹시 싸우는 일은 없나요?"

우리 안에는 한국 선교사들이 모이면 서로 싸우는 일이 생긴다는 생각이 만연해 있다. 이런 선입견은 한국 선교를 방해하기 위한 사단의 치명적 전략이라고 생각한다. 물론 우리 공동체도 겉으로는 싸우지 않는 것처럼 보여도 여전히 내적인 다툼과 갈등이 늘 존재한다. 관건은 '이 갈등을 어떻게 풀어내고 그 과정에서 성장해 갈 것인가'이다.

싱가포르 교회의 한 장로교 리더가 내게 애정 어린 지적을 한 적이 있다. 한국 선교사와 교회들이 많은 장점과 능력이 있지만, 그것이 발휘되지 못하게 하는 치명적인 약점도 있다고 했다. 그것은 '언어 장벽'과 '연합 사역 경험의 부재'라고 했다. 교육선교사가 공동체를 이루며 사역하는 데 있어서 이 두 가지 약점은 큰 어려움이다.

다양한 교단 배경의 사역자 그리고 목회자와 전문인 사역자가 함께 공동체를 이루고 동역하는 구조를 이루는 것이 한국 선교 문화에서는 쉽지 않다. 하지만 좋은 선교 공동체를 이루지 못하면서 기독 학교 공동체를 만든다는 건 앞뒤가 맞지 않는다.

기독 학교 공동체에서 가장 중요한 자산은 학교 분위기다. 학교 분위기가 복음적인 자유와 사랑을 호흡할 수 있게 조성될 때, 학생들은 자연스럽게 학교를 편안하게 느끼고 학교에서 배우는 다양한 가치를 스스로 체득할 수 있기 때문이다. 교직원들 안에 평안과 기쁨과 사랑이 넘쳐흐르고 서로 사랑하는 모습을 보여야 진정한 기독 학교의 사역이 이루어질 수 있다.

따라서 공동체가 현지에서 하나의 문화와 시스템을 만들어 가면서 자연스럽게 학교의 정신, 운영 방식 그리고 분위기에 녹아 들도록 하는 것이 사역 성패의 중요한 요건이다. 기독 학교에 있어서는 가치, 시스템, 분위기, 문화, 커리큘럼, 양육 프로그램 등 보이지 않는 영역이 건물이나 학생 수, 재정 규모 등의 보이는 영역보다 훨씬 중요하다.

보이지 않지만, 복음적인 공동체 가치가 구성원들 사이에 수용되고 그것에 순종이 일어날 때, 건강한 공동체가 이루어지고 기능하게 된다. 물론 언어와 배경과 문화가 다른 사람들이 이런 공동체를 만들어 간다는 건 큰 도전이다.

우리 학교 공동체는 직급이 분명하지 않은 가운데 사역하는 경우가 대부분이다. 그래서 한 사람에게 다양한 역할과 책임이 요구된다. 내가 강조하는 것 중 하나가 지위가 아닌 영향력으로 사역하는 법을 배우는 것이다. 지위를 가지고 사역하는 사람은 지위가 사라지면 더 이상 사역을 이어가지 못한다. 지위 없이 섬기는 법을 배울 때, 사역이 우리를 끌고 가지 않고, 우리 존재가 사역을 주도하게 된다.

한 사역자가 섬기는 학교에서 월급을 받지 않으면서 아침부터 저녁까지 일하기 위해서는 고용인이 아닌 주인으로 사역하는 태도가 요구된다. 또한 재정의 영역을 하나님께 온전히 맡기고, 그분의 공급을 지속해서 신뢰해야 한다.

동시에 우리가 섬기는 학교는 기관으로서 존재해야 한

다. 현지인들은 월급을 받고 일하며 정해진 근무 시간과 규정을 준수해야 한다. 또한 사역자가 현지인 교직원과 함께 일하기 위해서는 근실한 업무 규정 준수가 요구된다. 월급을 받지 않지만, 월급 받는 사람 이상의 헌신이 일어나기 위해서는 주인 의식과 복음적 가치에 헌신하는 충성이 필요하다.

누가 시켜서 마지못해 하는 사역은 오래가지 못한다. 또한 구성원 가운데 무임승차자나 방관자 그룹이 형성되면 사역이 악영향을 받는다.

때로는 기관이 추구하는 가치와 공동체적 가치가 충돌하는 것처럼 보이는 상황도 겪는다. 일반 교육 기관에서는 생존과 재정적 안정성, 효율성, 경쟁력, 탁월성 등이 중요한 가치일 수 있다. 하지만 이런 정신이 극대화되면 공동체적 가치가 훼손된다. 우리 공동체에서는 존재 가치가 경쟁력이나 탁월성에 의해 평가되지 않는다.

복음적인 가치 토대 위에 하나님이 개인에게 허락하신 창조적 역량이 자유롭게 발산되는 교육기관을 만들어 가는 중에 우리는 '실패'했다고 느끼는 시간도 지나야 했다.

좋은 공동체를 이룸에 있어서 중요한 정신이 '내려놓음'과 '권리포기'임을 경험으로 배운다. 인간은 자아가 십자가에서 죽는 과정을 통과하지 않고는 뜯어고쳐서 바꿀 수 없는 존재다. 우리의 자아와 고집이 죽지 않고 공동체의 온전한 연합을 이루기를 기대하기는 어렵다. 좋은 공동체는 리더의 노력만으로 만들어지지 않는다. 공동체 구성원이 각자 작은 예수가 되어가는 과정이 수반되는데, 이는 오랜 인내가 필요하다.

한번은 기도 가운데 '좋은 공동체를 만들고자 하는 열심을 내려놓아라'라는 마음을 받았다. 그날 나는 내 노력으로는 결코 좋은 공동체를 만들 수 없음을 인정하는 것이 공동체를 이끌기 위한 첫 단추임을 고백했다. 그런 공동체는 하나님이 직접 만들어 가신다. 우리의 역할은 그저 그분의 인도하심 가운데 순종하며 믿음으로 공동체를 겸손히 섬기는 것이다. 좋은 공동체를 만들어야 한다는 부담을 내려놓자, 자유함과 함께 하나님이 앞서 일하실 것을 기대하게 되었다.

그렇게 한 걸음 한 걸음 나아가는 과정에서 온전하지는 않을지라도 공동체가 만들어졌고, 그 공동체를 통해 교육기관이 세워지고 운영되는 것을 보았다. 또한 학생들이 학교에서 행복해하며 학교를 자랑스럽게 여기고 감사히 여기는 모습을 보았다. 하나님께서 우리의 연약함에도 불구하고 또 하나의 기적을 이루고 계심에 감사한다.

> 큰 산아 네가 무엇이냐 네가 스룹바벨 앞에서 평지가 되리라 …
> 스룹바벨의 손이 이 성전의 기초를 놓았은즉 그의 손이 또한 그
> 일을 마치리라 하셨나니 슥 4:7,9

종합대학교로 가는 길

열두 번째 도전은 종합대학교를 세우는 것이었다.

우리가 외부 대학교와 교류하고 영향력 있는 사역을 하기 위해서는 종합대학교로 성장할 필요가 있었다. 단과대학으로서는 '자카르타국제대학교'라는 이름을 사용할 수 없었다. 종합대학교만이 '유니버시티'라고 할 수 있었다.

당시 한 학과를 설립하는 데도 오랜 시간이 걸렸다. 따라서 단과대학이 설립된 지 십수 년이 지나도 종합대학교는 말할 것도 없고, 그 전 단계인 '인스티튜트'로 가기도 버거운 현실이었다. 사역 초기에는 종합대학교가 되기 위해 최소 열두 개 이상의 학과 허가가 필요했다. 그러려면 통상적으로는 수십 년이 걸릴 수 있었다.

우리가 두 개의 단과대학 설립을 허가받고 난 후, 고등교

육부의 국장이 학교를 방문했다. 그가 우리에게 제안했다.

"우리 고등교육부는 대학교 통폐합을 중요한 과제로 보고 있습니다. 그래서 부실하게 운영되는 대학을 정리하여 수를 줄여 나갈 목표를 세웠습니다. 만약 당신들이 단과대학 두 개를 합병해서 하나의 종합대학교로 가는 방향으로 신청서를 넣으면, 우리의 정책 방향에 부응하기에 종합대학교 설립에 필요한 추가 학과 설립을 허가해서 빨리 종합대학교가 될 수 있게 추진하겠습니다."

고등교육부는 그간의 대학교 제도 개혁의 하나로 종합대학교 관련 규정을 바꿔서 중간 단계인 인스티튜트 제도를 없앴다. 이에 따라 이공계 학과 세 개를 포함하여 총 여섯 개 학과만으로 바로 종합대학교가 될 수 있도록 새로운 제도를 만들었다. 국장의 제안에 따라 신규 학과 세 개를 추가로 설립 허가를 받음과 동시에 바로 종합대학교로 승격되는 길이 열린 거였다.

그렇게 해서 삼 년여 동안 우리는 건물을 신축하고 신규 학과를 설립하여 단과대학에서 종합대학교로의 승격을 준비했다. 실사단이 학교 교정을 방문했을 때, 우리 학교 현지인 총장인 아구스 박사가 모두(冒頭) 연설을 했다.

"한 한국인 감독이 인도네시아 국가대표 축구팀의 체질

을 바꾸고 새로운 기대를 하게 한 것을 여러분은 아실 겁니다. 우리 학교의 교육 드림팀이 인도네시아 교육의 영역에서 동일한 이바지를 할 수 있도록 기회를 주시면 좋겠습니다."

그때 실사단 구성원들의 힘찬 박수가 있었다. 하나님께서는 인도네시아에 부는 한류 열풍도 학교 사역을 위해서 사용될 수 있게 해주셨다.

2022년 중반에 종합대학교 최종 승인을 기다리는 시간을 가졌다. 첫 입학생들이 어느새 졸업을 앞두고 있었다. 학생들은 자카르타국제대학교 졸업장을 받고 싶다고 눈물로 기도했다. 그런데 졸업을 한 달 앞둔 시점에 최종 결재권자가 대통령 미국 순방에 따라갔고, 이후 대통령이 귀국했음에도 그는 후속 미팅으로 계속 미국에 남아 있었다.

나는 종합대학교 허가가 졸업 전에 나오기는 어렵다고 판단했다. 보통 그 정도 지위의 인사가 한 달간 외부에 나갔다 오면 처리할 사안이 많아 대학교 승인 건은 뒤로 밀릴 수밖에 없다고 보았다. 졸업식 전에 귀국하더라도 승인까지는 오랜 시간이 걸릴 거로 예상했다. 그런데 놀랍게도 졸업식을 닷새 정도 남기고 고등교육부로부터 승인 통보가 왔다. 담당자가 귀국 직후, 바로 종합대학교 승인 서류에 사인한 것으로 보였다.

강당에 졸업 예정 학생들을 모아놓고 이 사실을 발표하자, 학생들은 눈물을 쏟았다. 그들의 간절한 기도에 응답하시는 하나님의 기적의 역사를 경험한 감격이 컸기 때문이었다.

마침내 우리는 '자카르타국제대학교'라는 이름을 공식적으로 쓸 수 있게 되었다. 외국계 신생 대학교가 '자카르타'와 '인터내셔널'이라는 단어를 다 쓸 수 있는 건 특별한 은혜였다. 교육부가 한동안 학교 이름에 '인터내셔널'을 쓰지 못하도록 했던 것을 고려하면 더욱 특별한 배려였다.

하나님께서는 이 모든 것을 예비해 놓으셨지만, 가려놓은 채 우리에게 순종의 길을 갈 수 있는지를 먼저 물어보셨다. 하나님은 결코 미래를 보여주시면서 우리를 설득하지 않으신다. 가려진 축복은 믿음으로 순종하며 걷는 자를 위해 준비된 것이다. 그리고 그 과정에서 경험하는 하나님에 관한 이야기는 누군가의 삶에 울림을 준다. 우리 캠퍼스를 방문한 한 대형 교회의 부목사님이 이런 고백을 했다.

"이곳에 와서 하나님이 하시는 일을 보는 것만으로도 제가 받는 위로가 무척 큽니다. 실은 교회에서 관계의 문제로 이리 뛰고 저리 뛰다가 마음이 지친 상태로 여기에 왔어요. 그런데 하나님이 이루시는 놀라운 사업을 보는 순간, 제가 고민하는 문제가 무척 작게 느껴졌어요. 크신 하나님께서 오늘도 일하신다는 사실을 자각한 것만으로도 큰 위안과 격려를 받습니다."

예수님이 공생애를 시작하시면서 가나의 혼인 잔치에서 물로 포도주를 만드신 사건이 요한복음에 나온다. 예수님의 기적으로 포도주가 새로 만들어져서 연회장(잔치를 맡은 이, 새번역)을 포함한 모두가 그것을 맛볼 수 있었다. 하지만 그 포도주의 비밀은 물 떠온 하인들만 알았다(요 2:9). 마찬가지로 학교 사역을 통해 많은 학생이 특별한 은혜를 누렸지만, 실제 학교 설립 배후에 있는 기적의 비밀은 주신 말씀에 순종해서 그 일을 맡은 사람들에게만 허락되었다.

그가 말씀하시매 이루어졌으며 명령하시매 견고히 섰도다 여호와께서 나라들의 계획을 폐하시며 민족들의 사상을 무효하게 하시도다 여호와의 계획은 영원히 서고 그의 생각은 대대에 이르리로다 시 33:9-11

나는 2부에서 세 장에 걸쳐, 하나님께서 인도네시아에서 나와 공동체를 통해 이루신 일에 대해 '믿음으로 약속을 취하는 것'과 '하나님께서 약속을 신실하게 이루신다는 것'이 무엇인지를 설명했다. 이를 사도 바울이 쓴 로마서 구절이 잘 요약해 준다.

아브라함이 바랄 수 없는 중에 바라고 믿었으니 이는 네 후손이 이 같으리라 하신 말씀대로 많은 민족의 조상이 되게 하려 하심이라 그가 백 세나 되어 자기 몸이 죽은 것 같고 사라의 태가 죽은 것 같음을 알고도 믿음이 약하여지지 아니하고 **믿음이 없어 하나님의 약속을 의심하지 않고 믿음으로 견고하여져서 하나님께 영광을 돌리며** 약속하신 그것을 또한 **능히 이루실** 줄을 확신하였으니 그러므로 그것이 그에게 의로 여겨졌느니라

롬 4:18-22

하나님께서는 우리가 "믿음이 없어 하나님의 약속을 의심하지 않고 믿음으로 견고하여져서 하나님께 영광을 돌리"기를 기대하신다. 그리고 우리가 하나님께서 약속을 "능히 이루실" 것을 확신하며 걸어가는 의를 이루기를 기

다리신다.

그에게 의로 여겨졌다 기록된 것은 아브라함만 위한 것이 아

니요 의로 여기심을 받을 우리도 위함이니 곧 예수 우리 주를

죽은 자 가운데서 살리신 이를 믿는 자니라 롬 4:23,24

바울은, 아브라함이 믿음으로 약속의 성취를 본 이야기
가 몇몇 신앙의 영웅으로 치부되는 사람들에게 국한된 이
야기가 아니라고 말한다. 그것이 예수 그리스도 안에서 부
활의 소망을 가진 '우리를 위한, 우리의 이야기'라고 한다.

이는 일차적으로는 예수 그리스도를 통해 우리를 구원
하겠다고 하신 하나님의 약속이 우리의 믿음을 통해 이루
어진다는 말씀이지만, 더 나아가 우리에게 허락하신 풍성
한 복의 약속 또한 그리스도를 통해 이루어짐을 의미한다.

내가 몽골을 떠난 후, 미국 조지아주에서 안식년을 가
지며 하나님께서 나를 인도네시아로 보내신다는 것을 기
도 중에와 펼쳐지는 상황 가운데 확신하게 되었을 때였다.
아내가 넷째를 임신했다는 사실을 알게 되었다. 노산이라
하혈이 있어서 침대에 누워 지내야만 했던 아내를 대신하

여 나는 모든 일정을 취소하고 집에서 아이들을 돌보며 집 안일만 해야 했다. 출산을 앞둔 아내와 집안일에 치인 나는 마음이 복잡했다.

'하나님께서 왜 인도네시아로 부르시고 이런 힘든 시간을 주시지?'

당시는 이해하기가 참 어려웠다. 나에게 사명을 주셨지만, 사역에 집중할 수 있는 상황을 만들지 않으시는 이유가 궁금했다.

어느 날 밤, 낙담 가운데 기도할 때 하나님께서 감동 중에 질문을 던지셨다.

'세계 최대의 무슬림 인구를 보유한 나라에서 기독교 정신으로 대학을 운영하는 것이 네게 가능한 일이니?'

'아뇨, 제 힘으로는 못 하죠.'

'그래, 그건 나의 일이야. 네 일이 아니야. 나의 일은 내 방식대로 되어야 한단다.'

하나님께서는 내가 당황하며 겪는 이 모든 과정이 한 가지 목적 때문에 주어졌다고 하셨다.

'네게 사랑을 가르치기를 원한다.'

'하나님, 사랑의 어떤 부분을 가르치시려는 건가요?'

그때 떠오르는 성경 구절이 있었다.

'사랑은 오래 참고…'

하나님은 네 자녀를 키우느라 지지고 볶는 일상이 나와 아내를 사역의 리더로 빚어가는 중요한 과정이라고 보셨다. 실제로 우리 사역의 기초에는 사랑과 이해와 품는 마음이 필요했다. 다른 배경을 가진 수많은 사람과 한 공동체로 연합하기 위해, 리더가 해야 할 가장 중요한 훈련이 사랑으로 기초를 놓는 것이었다. 그것이 준비되도록 하나님은 내가 기다림과 낮아짐과 소망으로 그 훈련의 시간을 통과하기를 바라셨다.

우리가 소망으로 구원을 얻었으매 보이는 소망이 소망이 아니니 보는 것을 누가 바라리요 만일 우리가 보지 못하는 것을 바라면 참음으로 기다릴지니라 **롬 8:24,25**

우리는 우리가 소망하던 약속이 이루어져야 하나님께 영광이 된다고 생각하곤 한다. 그런데 하나님은 우리가 소망 가운데 믿음으로 기다리는 태도를 기뻐하시며, 그것을 우리의 의이자 하나님의 영광으로 여기신다. 우리가 믿고 기다리는 것, 그 자체가 승리이고 하나님의 영광이 된다. 그다음은 하나님의 영역이다.

K-Eduplex 캠퍼스 전경

JIU는 교육 선교를 통해 세계 최대 이슬람 국가인 인도네시아에 복음을 전하고
학생들을 그리스도의 제자로 키우며 인도네시아 사회를 변화시킬 리더로 성장시킬 것이다

JIU 공동체

인도네시아와 이슬람 문화권에 교육 선교를 통해 하나님나라를 확장하기 위해 모인 예수제자공동체

자카르타국제대학교 제1회 졸업식

2022년 7월

자카르타국제대학교 제2회 졸업식

2023년 7월

K-Eduplex 제1 건물 완공(본관) 2017년 3월

K-Eduplex 제2 건물 완공(연합관) 2019년 11월

K-Eduplex 제3 건물 완공(기숙사) 2022년 4월

JIU 공동체 교육 선교 사역 연혁

2006	12	인도네시아 두란노교육재단 설립
2007	01	캠퍼스 부지 매입
2012	09	JIU 설립위원회 구성
2014	01	대학 건축 마스터플랜 완성, BLC 어학원 설립
2015	01	CGA 기독 초·중·고등학교 설립
2017	03	K-Eduplex 캠퍼스 제1 건물 완공(본관)
2018	07	TK Mutiara 유치원 설립
	08	JIU 상경대학(STIE JIU)
	09	JIU 개교 및 입학식
2019	07	JIU 어문대학(STBA JIU) 운영인가 취득
	11	K-Eduplex 캠퍼스 제2 건물 완공(연합관)
2022	04	K-Eduplex 캠퍼스 제3 건물 완공(기숙사)
	06	Jakarta International University 종합대학 승격
	07	JIU 1회 졸업식
2023	07	JIU 2회 졸업식

2023년 운영학과

- JIU 상경대학: 회계학과
- JIU 어문대학: 영어영문학과, 일어일문학과
- JIU 공과대학: IT학과, 정보시스템학과, 멀티미디어학과

신설 예정학과

- 경영학과, 한국어학과, 기계공학과
- 향후 사범대학, 보건대학, 예술대학, 의과대학 추가 설립 계획

자카르타국제대학교 후원계좌

국민 762337-04-002764   예금주 (사)위드 _JIU1
해외후원 안내사이트 https://k-eduplex.net/donate/#donate-indonesia

PART 3

기다림과
내려놓음
그리고
예비된 은혜

6장

내려놓음과 예비하심

약속의 성취 과정과 우리의 순종

하나님은 우리를 약속으로 부르실 때, 우리의 어떠함이나 자격 여부에 근거를 두지 않으신다. 그분의 큰 계획 안에서 우리에게 무조건적이고 일방적인 선물로 약속을 주신다.

아브라함을 부르실 때도 하나님은 아브라함의 됨됨이나 자격에 근거하여 약속을 주신 게 아니었다. 하지만 그약속이 이루어지는 과정 가운데, 하나님께서 아브라함의일생에 세 번에 걸쳐 그의 믿음의 반응을 요구하신다.

첫 번째는 창세기 12장에 나오는, 자신의 안전지대, 곧 "익숙한 환경에서 떠나라"라는 명령이었다.

여호와께서 아브람에게 이르시되 **너는 너의 고향과 친척과 아 버지의 집을 떠나 내가 네게 보여줄 땅으로 가라** 창 12:1

아브라함이 그곳의 우상숭배 문화에 머물러서는 거룩한 백성을 만들어 낼 수 없었고, 익숙한 환경 속에서 하나님의 인도하심을 경험하기란 불가능했기 때문이다. 하나님의 약속의 성취를 위한 첫 단계는 자신의 죄 된 과거, 익숙한 삶의 환경으로부터 분리되어 하나님과 동행의 여정을 시작 하는 것이다.

두 번째는 창세기 17장에 나오는, "너는 내 앞에서 행하 여 완전하라"라는 말씀이었다.

아브람이 구십구 세 때에 여호와께서 아브람에게 나타나시 그 에게 이르시되 나는 전능한 하나님이라 **너는 내 앞에서 행하여 완전하라** 내가 내 언약을 나와 너 사이에 두어 너를 크게 번성 하게 하리라 하시니 창 17:1,2

이는 아브라함이 아흔아홉 살, 즉 백 살에 아들을 낳기 일 년 전 일이었다. 임신기간 열 달을 생각하면 아내 사라 가 임신하기 직전이었다. 이때 하나님께서는 온전함의 징

표로 '할례'를 명령하신다(창 17:10,11). 히브리어로 '거룩'은 '자르다'라는 뜻이 있다. 자신의 가장 감추고 싶은 깊고 예민한 부위, 상처에 민감하고 건드리면 아픈 영역을 드러내서 제거하듯이 삶에서 죄 된 영역을 과감하고 단호하게 잘라내라는 의미일 것이다.

아브라함이 하나님의 약속 성취를 기다린 것 이상으로 하나님은 아브라함의 성결과 온전함을 기다리셨다. 그리고 자손에 대한 약속의 첫 시작을 여시기 직전, 아브라함의 삶이 자를 것을 잘라내는 거룩의 방향으로 한 걸음 더 나아가기를 원하셨다.

물론 할례 자체가 아브라함을 완전하게 해주는 건 아니지만, 그가 온전함을 이루고자 하는 지향을 확증하는, 몸에 둔 증표였다. 하나님께서는 우리가 하나님의 기준에 맞춘 완전함에 도달할 수 없음을 아신다. 하지만 우리가 그것을 결단하며 첫발을 떼는 걸 보시고, 우리를 완전한 존재로 여겨주신다.

세 번째는 창세기 22장에 나오는, 아브라함의 독자 "이삭을 제물로 바치라"라는 명령이었다.

그 일 후에 하나님이 아브라함을 시험하시려고 그를 부르시되

아브라함아 하시니 그가 이르되 내가 여기 있나이다 여호와께
서 이르시되 **네 아들 네 사랑하는 독자 이삭**을 데리고 모리아 땅
으로 가서 내가 네게 일러준 한 산 거기서 그를 **번제로 드리라**

창 22:1,2

하나님은 아브라함이 하나밖에 없는 이삭을 얼마나 귀
히 여기는지 잘 아셨다. 그런데 다른 것도 아닌 이삭을 제
물로 바치라고 하셨다. 이 명령은 결국 '약속의 성취와 결
과도 내려놓을 수 있는가'에 대한 하나님의 물음이다. 이
장에서는 이 질문에 우리가 어떻게 답하며 반응할지에 대
해 다루려고 한다.

우리가 사랑하고 아끼는 존재가 우리의 우상이 될 수 있
다. 우리의 존재 이유가 되고, 그것이 있어서 안정되고 행
복하다고 느끼게 하는 근거가 바로 우상이다. 때로는 하
나님께서 우리에게 약속하신 복이 우상이 되기도 한다. 우
리가 무언가를 이루기 위해 하나님께 순종하는 거라면, 그
목표가 우상이 될 수도 있다. 종종 우리는 사역 결과를 우
상으로 받들기도 한다.

아브라함은 하나님의 명령이 앞뒤가 맞지 않는다고 느

껐을 것이다. 왜냐하면 이삭은 하나님의 신실하심의 증표이기 때문이었다. 하나님이 아브라함에게 자손의 복을 약속하셨고, 이삭은 그 약속을 하나님이 신실하게 이루신다는 소망의 증거였다. 또한 그의 믿음에 대해 하나님이 주신 응답이기도 했다.

그런 이삭을 제물로 바치면, 자손들을 셀 수 없을 정도로 많이 주신다던 하나님의 약속이 무산될지도 몰랐다. 오히려 이삭을 바치지 않는 것이 하나님을 위하는 것처럼 보였다. 또한 이방 신들처럼 인신공양을 받으시겠다는 하나님의 요구가 그분의 성품에 반하는 것처럼 보였을 것이다.

아브라함이 아침에 일찍이 일어나 나귀에 안장을 지우고 두 종과 그의 아들 이삭을 데리고 번제에 쓸 나무를 쪼개어 가지고 떠나 하나님이 자기에게 일러주신 곳으로 가더니 **창 22:3**

이 역설을 극복하는 방법은 '단순한 순종'이었다. 아브라함은 잘 이해되지 않고, 앞으로 무슨 일이 전개될지 몰랐지만, 다음 날 아침 일찍 일어나서 여장을 꾸렸다. 그리고 이삭과 그 길로 출발했다. 머리로는 아직 다 이해하지 못했지만, 그의 몸은 순종의 길을 향해 움직이고 있었다.

머리가 아닌 몸으로 움직였다. 이 마지막 테스트의 순간에도 그는 순종의 삶의 궤적을 남기고 있었다.

때로 우리는 이해되지 않는 상황을 만난다. 특별히 순종의 삶을 살려고 결단하는 과정에서 고난과 아픔을 만나면, 우리의 믿음마저 흔들린다. 그때, 결말을 알지는 못하지만, 하루하루 순종의 자리를 지키는 게 바로 영적 승리의 출발점이 된다.

내려놓음이 요구되는 이유

아브라함이 이삭을 바치라고 요구받은 순간을 딸 서연이의 대학 입시 상황과 대비하면, 더 쉽게 와닿을 것 같다.

2023년, 서연이는 미국 대학교에 입학하기 위해 준비했다. 처음에 아이가 미국 명문대를 목표로 대입 준비를 하겠다고 말했을 때, 나는 왜 굳이 거기로 진학하기를 원하는지 물었다. 아이가 대답했다.

"아빠, 우리 학교에 자녀를 보내는 학부모들이 우리 학교를 좀 더 존중하게 하고 싶어요. 우리가 작은 신생 학교에 다니지만, 미국의 좋은 대학교에 가는 게 불가능하지 않다는 걸 보여주고 싶어요. 그리고 인도네시아에 사는 많은 아이들이 환경 때문에 해외 대학 진학을 포기해요. 이 아이들도 꿈을 갖고 새로운 길을 개척할 수 있다는 걸 증명하고 싶어요."

아이의 생각이 기특해서 한번 시도해 보라고 격려했다. 아이는 사명감으로 보이지 않는 길을 개척해 나갔다. 도움받을 곳이 많지 않은 상황에서도 방법을 찾으면서 미국 학력 인증 시험인 SAT를 준비하고 AP(Advanced Placement, 상위과정 수업)를 공부해서 인근 국제학교에 요청하여 시험을 치는 등 스스로 입시 과정을 밟았다.

아이는 스스로 기도하고 또 중보 기도를 부탁한 가운데 원하는 대학에 마음껏 원서를 넣어보라는 격려와 자기 나름의 확신을 받고, 자기 수준에 버거울 수 있는 명문대 위주로 열 곳 이상 원서를 넣은 후 결과를 기다렸다.

원서를 넣은 학교 중에 아이는 별로 가고 싶지 않다고 했지만, 입학 상담을 해준 선생님들이 서연이에게 잘 맞을 거라며 꼭 넣어보라고 했던 대학교가 있었다. 바로 스미스대학(Smith College)이었다. 아이는 이 학교가 마음에 들지 않지만, 마지못해 원서를 넣었다.

얼마 뒤 입시 결과가 이메일로 왔다. 그런데 서연이가 원했던 대학에서 낙방 소식을 받았다. 일부 대학교에서는 대기자 명단에 올라가 있었고, 몇몇 대학에서는 부분 장학금을 동반한 합격 소식이 있었지만, 아이는 마음에 들지 않았다. 그런데 학비와 기숙사비까지 지원하는 전액 장학금 조건으로 합격 통지가 온 곳이 있었으니, 스미스대학이었다. 우리 부부는 기도하면서 하나님께서 이 대학으로 아이를 보내신다는 느낌을 받았다. 하지만 아이는 무척 힘들어했다. 하나님이 뒤통수를 치셨다고 느꼈을 것이다.

아이가 그 학교를 마음에 들어 하지 않은 몇 가지 이유가 있었다. 첫째로 여자대학교라는 점이었다. 아이는 인도네시아에서 아빠가 세운 신생 학교에 다니면서 사귈 수 있는 친구의 범위가 좁은 것에 아쉬움이 있었다. 특히 남학생과 만날 기회가 적었고, 한국인 남학생의 범위는 더더욱 좁았다. 그래서 캠퍼스의 낭만을 맘껏 누릴 수 있는 곳으로 가고 싶어 했다.

둘째로 넓은 환경에 대한 간절함이 있었다. 개발되지 않은 시골 환경에서 공부하다 보니 도시 생활과 문화적인 세련됨에 대한 바람이 컸다. 그래서 대도시권에 있는 큰 종합대학교를 선호했다. 하지만 스미스대학은 리버럴 아츠 칼리지(Liberal Arts College) 계열의 학부 중심 소규모 대학교이고, 노샘프턴(Northampton)이라는 중소도시에 있었다.

물론 미국의 많은 여학생이 가고 싶어 하는 유서 깊은 명문 사립대학이지만, 겉으로는 딸아이가 원하는 조건이 아닌 것처럼 보였다.

셋째로 스미스대학교는 미국 내에서도 자유주의 영향 아래 정치적으로도 좌편향이 강하고, 동성애 지지도가 높은 대학으로 알려져 있다. 아이가 정치적으로 보수 성향이 강하다 보니, 그곳에서 소수 견해를 가진 사람으로 살아야 한다는 것이 버거운 모양이었다.

휴일 아침, 아이가 식사 자리에 뒤늦게 내려오더니 계속 짜증을 부렸다. 아내는 참다못해 한 마디를 건넸다.

"서연아… 너, 네 인생의 주인이 하나님이라는 사실을 인정하니?"

그러자 아이가 버럭 화를 내면서 쏟아부었다.

"왜!! 하나님이 내 인생의 주인이냐고…! 내가 주인이지."

나는 처음에는 당황했지만, 내심 감사했다. 드디어 아이의 진짜 모습이 나왔다고 생각했기 때문이다. 딸은 학교에서 정말 모범적인 선교사 자녀처럼 지냈다. 교회에서도 물 샐 틈 없이 완벽한 신앙인처럼 행동했다. 학교에서 간단기선교 기간에 그 지역 선교사님들이 사역을 특별하게 잘하는 학생으로 딸을 기억할 정도였다.

나는 아이가 마침내 자신의 밑바닥에 있던 자기중심성을 하나님 앞에 드러낼 수 있는 상황이 벌어진 것에 감사했다. 자칫하면 자기중심성을 숨긴 채, 스스로가 좋은 신앙인인 줄 착각하고 살거나 위선적인 기독교인으로 교회 안에 남아 있을 수 있기 때문이었다. 그런 사람은 사오십 대가 되기까지 자기 인생의 주도권을 하나님께 드려본 적 없이 괜찮은 기독교인인 줄, 자신도 속고 남도 속이며 살 수 있다. 그러니 아이가 아직 사회생활에 입문하기 전에 자신의 영적 실체를 다 드러낼 상황이 생겼다는 건 참 감사한 일이었다. 아내와 나는 하나님이 아이의 마음을 다루시기를 조용히 기도했다.

그러던 중 3월 초에 호주에 집회 여행을 떠나게 되었다. 지인인 목사님이 뉴캐슬 지역에 교회를 개척했는데, 가족이 다 와서 함께 사역해 달라고 요청했다. 아내는 여성 성도를 대상으로, 서연이는 청소년 그룹을 대상으로, 나는 저녁 집회로 같이 섬기기로 했다. 개척교회 형편을 고려해서 비행기표는 우리가 부담하기로 했기에 싼 비행기표를 끊느라 싱가포르를 경유하게 되었다.

싱가포르 공항에서 연결편을 기다리는 동안, 딸아이와

물을 사러 갔다. 딸이 편의점에서 나오면서 말했다.

"아… 기분 나쁘네. 왜 편의점 이름에 하필 스미스(WH Smith)가 있냐고?"

다른 사람들 눈에는 안 들어오는데, 자신에게만 무언가가 걸린다면, 그것은 하나님께서 우리 마음에 어떤 질문을 던지시는 것일 수 있다.

호주에 도착해서 교회에서 준비한 뉴캐슬 지역 숙소에 머문 다음 날, 딸이 또 말했다.

"아빠, 숙소 앞에 길 이름 봤어요? 왜 하필 스미스 스트릿(Smith Street)이야?"

나는 인도네시아와 달리 '스미스'라는 이름이 곳곳에 있다고 생각하며 무심히 지나쳤다.

뉴캐슬 일정을 마치고 시드니에서도 집회가 있었다. 우리는 교회에서 마련해 준 숙소에 들어갔다. 숙소 화장실에 갔다 온 딸아이의 표정이 얼어 있었다.

"아빠, 저기 화장실 벽장 좀 열어보세요."

벽장에는 작은 용기의 샴푸, 린스, 샤워 젤 등 수십 개가 층층이 진열되어 있었다. 용기 앞면에는 뉴질랜드산이라고 적혀 있었고, 그 위에 회사 이름이 '스미스 앤 컴퍼니'(Smith & Company)라고 새겨져 있었다. 마치 용기들이 일렬로 진열되어 우리에게 '스미스!'라고 외치는 느낌이었다.

나도 심상치 않다고 느껴서 아이에게 말했다.

"서연아, 너 놀랐겠다. 아무래도 하나님이 스미스대학에 대해 네게 무언가 말씀하고 싶으신 것 같은데? 만일 한 번 더 '스미스'라는 이름을 만나면 네가 스미스대학을 놓고 하나님께 진지하게 기도해 보면 좋겠구나."

딸도 내 제안에 동의했다. 그때부터는 나도 관심을 갖고 스미스가 또 어디에서 보일지 살폈다.

다음 날, 블루마운틴을 방문하고 내려오는 길이었다. 마을 어귀의 길 이름 중에 '골드 스미스 스트릿'이 보였다.

"서연아, 여기 골드 스미스 찾았다!"

아이가 답했다.

"그런데 '골드'라는 단어가 앞에 있어서 탈락이야. 스미스로 쳐줄 수 없어요."

밴을 타고 시내에 들어섰는데 길거리에 '스미스'라는 간판이 보였다. 아이를 찾았더니 차에서 잠들어 있었다. 아이가 보지 못하면 소용이 없었다.

그날 저녁 집회를 마치고 숙소로 돌아오는 길이었다. 숙소 바로 옆에 편의점이 있어서 밤에 필요한 물과 간식거리를 사려고 들어갔다. 딸이 갑자기 내 옆구리를 찌르며 한쪽 벽면을 가리켰다. 감자칩 봉지가 선반에 가득 진열되어 있는데, 대부분 '스미스 칩스'라고 쓰여 있었다. 과자 봉지들이 딸을 향해 일제히 '스미스!'라고 외치는 것처럼 느껴졌다. 게다가 칩스 중에 '스미스'라는 제품은 처음 보아서 우리는 더욱 놀랐다.

숙소에서 아내가 아이에게 제안했다.

"서연아… 야곱이 얍복 강가에서 하나님과 씨름했듯이 이 부분을 가지고 오늘 밤 씨름하면서 해결을 보면 좋겠다."

아내와 나는 침실로 들어갔고, 딸아이는 거실에 남았다. 대기자 리스트가 걸린 대학 한 곳에 갈 경우, 다음 날 아침까지 추가 서류를 보내야 하는 상황이었다.

다음 날 아침, 아내는 궁금함을 가지고 거실로 나가서 살폈다. 탁자 위에 티슈가 수북이 쌓여 있었다. 아마 딸이 밤새 울면서 하나님과 씨름한 것 같았다.

아이가 우리에게 이야기했다.

"저, 기도하고 결정했어요. 하나님께서 나를 스미스대학으로 보내시려는 게 맞는 것 같아요. 그대로 받아들이고 인도하심에 맡겨보려고요. 그래서 다른 곳에 추가 서류를 넣지 않으려고 해요."

당신의 삶에서도 자신이 가고 싶은 길과 하나님이 보여

주시는 길 사이에서 씨름하며 보낸 눈물의 시간이 있을지 모른다. 그 순간이 어쩌면 아브라함이 이삭을 제물로 바치러 길을 떠나기 전날 보낸, 그런 시간인지도 모른다.

딸아이는 주님의 뜻 가운데 반응하겠다고 결정하고 난 후에 비로소 그 학교가 자신에게 여러 가지로 적합한 학교 임을 알게 되었다. 선입견을 제하고 보니, 그 학교에서 자신에게 예비된 좋은 것들이 그제야 보이기 시작했다.

그해 가을, 입학을 앞두고 아이를 학교 기숙사에 데려다주려고 스미스대학교가 있는 매사추세츠 노샘프턴으로 운전하여 가던 중에, 문득 하나님께서 이 아이를 향해 그리신 인생 그림의 일부가 이해되었다.

딸은 우리 부부가 박사과정 막바지에 갖게 되어 매사추세츠주에서 태어났다. 아이가 생후 사 개월일 때, 우리는 몽골로 파송 받기 위해 케임브리지연합장로교회에서 파송예배를 드렸다. 그때 몇몇 권사님이 내 등을 두드리며 "이 어린애를 데리고 그 험한 데로 가면 어떻게 하나"라고 했던 기억이 났다. 그 갓난아기가 몽골과 인도네시아 선교지를 돌며 자라서, 이제 자신이 태어난 매사추세츠주로 사명을 갖고 다시 들어가는 거였다. 그 학교에서 선교사로, 예배자로 서야 하는 사명을 갖고 말이다.

스미스대학교가 위치한 노샘프턴에는 조나단 에드워드가 목회했던 교회가 있었다. 거기서 미국을 뒤흔든 대각성 운동이 시작되었다. 그러나 지금 그 교회에는 무지개 깃발 표시가 달려 있고, 그 도시는 동성애자의 성지로 전락하고 말았다. 내가 딸에게 말했다.

"어쩌면 네가 아기인 채 보스턴 땅을 떠날 때, 하나님은 이미 네 대학 생활을 계획하셨는지도 모르겠다. 하나님께서 너를 스미스로 보내시는 이유 중 하나는 네가 그 땅의 회복을 위해 기도하며 예배하길 원하시는 부르심 때문이 아닐까 싶구나."

이후 딸은 캠퍼스에서 기도 모임을 시작했다. 그러면서 파라과이, 우간다, 케냐 등에서 온 유학생 중에 하나님이 그 학교를 콕 집어서 보내신다는 사명감을 느껴, 다른 학교를 포기하고 입학했다는 친구들을 만났다. 그리고 지금 그곳에서 하나님이 자기에게 원하시는 일이 무언지를 찾고, 그분이 예비하신 것들을 만나며 걸어가고 있다.

… 아브라함이 그곳에 제단을 쌓고 나무를 벌여놓고 그의 아들 이삭을 결박하여 제단 나무 위에 놓고 손을 내밀어 칼을 잡고 그 아들을 잡으려 하니 … 네가 네 아들 네 독자까지도 내게 아

끼지 아니하였으니 내가 이제야 네가 하나님을 경외하는 줄을 아노라 아브라함이 눈을 들어 살펴본즉 한 숫양이 뒤에 있는데 뿔이 수풀에 걸려 있는지라 아브라함이 가서 그 숫양을 가져다가 아들을 대신하여 번제로 드렸더라 **창 22:9,10,12,13**

하나님이 예비하신 것을 만나기 위해서는 자신이 원하는 것을 내려놓아야 한다. 아브라함은 하나님께서 예비하신 숫양을 만나기 위해 아들 이삭의 목을 겨누며 칼을 높이 드는 순간까지 가야 했다. 하나님께서는 그때 비로소 아브라함이 그분을 끝까지 경외함을 확인하셨다. 하나님이 아브라함에게서 확인하고 싶으셨던 것은 그의 '우선순위'였다. 그가 하나님이 주실 복의 약속 때문에 하나님을 따르는 것인지, 하나님과의 동행 자체를 가장 귀한 가치로 여기는지를 보길 원하셨다.

하나님이 복의 원천이 되신다. 하나님 없는 복은 결국 우리 삶에 근원적인 평안과 만족을 주지 못하고, 다른 허무로 귀결될 뿐이다. 하나님이 제1의 가치가 되지 않는다면 그분이 주시는 복은 우상과 같은 존재가 되어 우리를 중독시키고 영과 정서를 마비시킨다.

하나님을 경외하고 따르는 사람에게 하나님께서는 그

분이 주신 선물을 바치라고 하시는 경우가 있다. 아브라함에게 이삭을 바치라고 하신 것처럼 말이다. 흔하지는 않지만, 대부분 그 선물은 우리의 소명과 맞물려 있다. 단 이 시험을 통과하면, 같은 시험을 또 주시지는 않는 것 같다.

한편, 자칫 우리의 열심과 의가 앞서서 하나님께서 선의로 주신 약속의 결과를 함부로 거부하거나 버리는 것도 어리석은 일이다. 내 삶을 돌아보면, 하나님께 순종하고 떠났던 여정 가운데 하나님께서 작고 아름다운 선물을 준비해 주신 적이 많았다. 나는 그것이 때로는 황송하고 죄송스러워 받기를 주저하고 하나님께 돌려드리고 싶었다.

그러나 하나님은 그분을 따르는 사람에게 귀하고 좋은 것을 마음껏 나눠주고 싶어 하신다. 그것을 감사와 기쁨으로 받으면서 우리는 주님과 관계가 깊어지고 나눔의 기쁨을 누린다. 단, 하나님께서 그렇게 주신 선물을 다시 하나님을 위해 포기할 수 있는지 물으시는 예외적인 경우를 나와 내 주변의 삶 가운데 보았다. 때로는 우리의 헌신의 결과로 약속 가운데 주어진 복이 도리어 우리를 속박할 위험이 있음을 본다. 그 복마저 하나님께 드릴 때, 비로소 그 열매를 우리가 거리낌 없이 자유함으로 누릴 수 있다.

시험의 복판에서 순종의 끝자락에 섰을 때, 하나님께서

는 아브라함에게 이삭을 돌려주셨다. 그 순간, 아브라함은 비로소 예비된 숫양을 볼 수 있었다. 그 순간부터 이삭은 아브라함에게 다른 의미가 된다. 이삭이 삶의 존재 이유와 안정감을 누리는 근거가 아니라, 그저 하나님과의 동행 가운데 그분이 약속하신 것을 이루시는 '신실하심의 증표'로서 자리매김하게 된다.

예비하심의 은혜

하나님께서 아브라함에게 아들을 바치러 가라고 하신 땅은 모리아였다. 하나님은 그 땅의 한 산으로 가라고 하셨다. 모리아 지역은 지금의 예루살렘에 해당한다. 아브라함 당시에는 살렘 왕 멜기세덱이 통치하던 지역이었다. 멜기세덱은 하나님의 제사장이었고, 신약 성경에서는 그를 예수님의 예표로 보기도 한다. 아브라함은 이미 그 지역을 잘 알고 있었다. 그곳에서 멜기세덱을 만나 십일조를 드린 적이 있기 때문이었다.

아브라함이 오른 모리아 땅의 그 한 산의 정상은, 예수님이 인류의 죄를 대속하시기 위해 십자가에 달리신 골고다 언덕에서 멀지 않은 지점이었다. 훗날 모리아 산의 정상에서 다윗은 자신의 죄를 용서받기 위해 제단을 쌓고 소를 제물로 바친다. 그리고 솔로몬은 그 자리에 하나님께 제사드리는 성전을 세운다. '솔로몬'이라는 이름과 '살렘'이라는 이름의 어근과 뜻(평화, 안녕, 성취의 뜻)이 같은 것도 우연이 아닐 것이다.

당시 아브라함은 예비된 대속 제물을 통해 인류의 죄를 용서하고 구원하며 관계를 회복하시려는 하나님의 이 원대한 역사적 계획을 다 이해할 수 없었다. 하나님께서는 이 놀라운 구원의 역사를 시작하시는 기초에 아브라함의 헌신과 순종을 두고자 하셨다. 하지만 이 모든 계획을 알려주면서 아브라함을 설득하지 않으시고, 그저 아들을 바치는 믿음의 순종을 요구하셨다.

하나님께서는 인류를 구원하기 위해 아브라함을 선택하셨을 때, 이미 그의 가문을 통해 당신의 아들을 이 땅에 보내기로 예정하셨다. 당신의 아들을 인류의 죄를 대속할 제물로 희생시킬 것을 예정하셨던 하나님은, 믿음의 조상으로 세워진 아브라함의 혈통을 통해 독생자를 이 땅에 보내려는 계획을 세우셨다. 그리고 하나뿐인 아들을 화목 제물로 내어주는 당신의 희생의 예표로서, 그 아들의 조상이될 아브라함에게 자신의 독자를 내어드리는 희생의 표현과 순종의 마음을 받기를 원하셨다. 아브라함의 순종을 하나님과 예수 그리스도의 희생의 영광을 반영할 한 흔적으로 삼고자 하셨던 것이다.

하나님은 아브라함에게 묻고 싶으셨다. 인류를 구원하기 위한 당신의 크나큰 희생 계획에 동참하여 아버지의 아픈 마음을 대변할 자로 믿음의 반응을 할 수 있을지를. 아브라함은 하나님의 이런 계획과 마음을 다 알지 못했다. 이처럼 하나님은 부르심의 배경을 우리에게 설명하거나 설득하려 하시지 않는다. 순종은 다 이해되어서 하는 게 아니기 때문이다. 그저 하나님의 선하신 성품에 의지해서 '무언가 하나님의 선하신 계획이 있을 거야'라는 기대 가운데 우리 전부를 믿음으로 던지는 것이다.

창세기 22장 7절에 보면, 아브라함과 함께 제사를 위해 산에 올라가던 이삭이 이상함을 느껴 아버지에게 묻는다.

"아버지… 불과 나무는 있는데 번제 드릴 어린 양은 어디 있나요?"

이 당황스러운 순간, 아브라함은 답한다. 그의 대답을 재구성하면 다음과 같다.

"아빠도 이 모든 일이 어떻게 준비되고 진행되는지 모르겠구나. 잘은 모르지만, 번제 드릴 어린 양은 하나님께서 따로 대책이 있으신 것 같다."

아브라함은 무엇이 준비되었는지 알 수 없었다. 하지만 무언가 하나님의 선하신 계획에 따라 대책이 준비되어 있을 것을 믿었다. 그 믿음이 준비된 숫양을 만나게 했다. 그리고 그 예비하심은 단순히 숫양 한 마리로 끝나지 않았다. 이 숫양은 인류를 대속할 예수 그리스도의 희생을 상징했다. 즉 하나님 자신의 희생, 그것이 하나님의 궁극적인 대안이었다.

먼저 일하시는 하나님

내가 몽골에 가서 사역했던 교회 이름이 '이레교회', 즉 '여호와의 준비하심 교회'였다. 어찌 보면, 나는 몽골에서 하나님의 부르심과 함께 주님께서 내 삶 가운데 동행하며 같이 걸어주시겠다는 약속을 붙잡았다. 그리고 그것이 이루어지는 걸 경험했다.

나의 '이삭'이었던 경력과 직업의 기회를 하나님께 내어드린 후, 하나님께서 예비하신 것을 고비마다 만났다.

몽골에서는 몽골과학원의 교수들을 지도했고, 몽골 국가 차원에서 후원한 몽골제국 800주년 기념 학술대회를 진행하는 일에 참여했다. 하나님은 대학 교수직을 포기한 나에게 인도네시아에서 대학을 운영하면서 새로운 방식의 교육을 꿈꾸게 하셨다. 전공 공부를 포기한 나에게 내가 전공한 지역의 학생들을 부르고 그들에게 실제적인 도움을 주게 하셨다. 내가 하나님을 위해 포기한 것을 하나님은 재활용하셔서 더 좋은 것을 내게 선물로 주셨다.

평생 월급을 받지 못하는 길을 선택했지만, 한 번도 돈이 없어 굶는 상황을 허락하시지 않았다. 꼭 필요한 일에 돈을 써야 할 때 재정이 없어 중단하게 하신 적이 없었다. 나는 지금도 여전히 하나님이 예비하신 선물을 찾아가는 여정을 이어가고 있다.

JIU에는 아프가니스탄에서 온 난민 학생들이 함께 공부한다. 아프가니스탄이 탈레반 정권에 넘어가면서 그곳에서 탈출해야 했던 학생 중 일부가 우리 학교와 연결되어 유학 오게 되었다. 그중 한 여학생은 대학 공부를 계속하고 싶어서 왔다.

탈레반이 정권을 잡은 후 탈레반 세력이 아프가니스탄에서 여대생 기숙사의 수돗물을 독극물로 오염시키는 사례가 여러 건 발생했다고 한다. 다수의 여학생이 병원에 실려갔고, 일부는 사망했다. 탈레반 정부가 대학교에 압박을 가해 여대생들을 모두 퇴학시키고 등교를 막으면 국제사회의 손가락질을 받을 것이기에, 민간 차원에서 학생들이 두려움에 스스로 자퇴하도록 협박하는 방식을 쓴 거였다.

미국 군정하에서 훈련을 받았거나 조력했던 청년들, 사회 활동을 했던 여학생 중에는 탈레반의 위협으로 인해 숨어지내야 하는 기독교인이 있었다. 그중 영어로 공부할 의사가 있는 몇몇을 우리 대학에서 받아주었다. 그대로 두면 지금쯤 죽음의 그림자에 덮였을 학생들이었다. 하나님께서 우리 대학을 그토록 급히 설립하신 이유 중 하나가 이들 때문일 수도 있겠다고 생각했다. 그렇게 많은 후원자와 사역자들을 준비해 주신 것이 이들을 위한 하나님의 예비하심일 수 있었다.

몇 년 전, 우리 대학교에서 받은 아프간 난민 학생 중에 '不公平'(불공평)이라는 한자를 팔뚝에 문신으로 새긴 남학생이 있었다. 그 아이를 만나 사연을 들어 보니 '정말 그 삶이 불공평하다고 느낄 만하구나' 싶었다.

그는 유년 시절부터 레슬링 국가대표가 되어 올림픽에 출전하는 꿈을 품고 열심히 훈련하며 중고등학교 생활을 했었다. 그런데 어느 날 미국 대사관에서 근무하던 형이 탈레반의 표적이 되어 암살당했다. 형이 살해되자 부모는 남은 자녀라도 살려야 한다는 생각에 급히 이 아이를 인도네시아로 밀입국시켰다.

그런데 얼마 있다가 아버지도 돌아가셨다는 비보를 접했고, 그는 낯선 이국땅에 와서 고아로 살아야 한다는 사실을 받아들이기가 어려웠다. 아침을 맞는 게 싫었고, 무엇을 하며 살아야 할지 몰랐다. 그러다 아프간 난민을 대상으로 사역하는 한인 선교사님을 만나 교회 공동체에 합류했고 JIU를 알게 되었다. 그곳에서 공부하는 난민 친구들을 보니 영어 실력이 급성장했고, 그들의 삶에 안정감과 평안과 자신감이 있는 걸 보았다. 난민 학생들은 소속감 없이 살다가 학교를 통해 믿음의 공동체를 경험하면서 영적, 인격적, 정서적, 관계적으로 성장한다.

마침내 그 학생은 우리 학교에 장학금 혜택을 받고 들어왔다. 처음 학교에 왔을 때는 학생의 눈꼬리가 올라가 있고 날카로운 부분이 보였다. 일 년쯤 지나니 눈꼬리가 내려가는 게 느껴졌다. 눈가에 따뜻함과 그윽함이 풍겼다.

언젠가 그가 기도하는 내용을 들었는데, 놀랍게도 아프간을 위해 기도하고 있었다. 조국에 대한 상처와 아픔이 많을 텐데, 그는 그 땅의 주민들을 위해 아픈 마음을 토해내며 주님의 빛이 그곳에 임하기를 기도했다. 더 나아가 자신이 그 땅을 위한 복음의 통로가 되기를 소망했다. 나는 이미 그 학생을 비롯한 다른 난민 학생들의 내면에 용서를 통한 치유가 일어났음을 느꼈다.

그러던 어느 날, 그에게 캐나다 이민 신청이 받아들여졌다는 메시지가 왔고, 그는 인도네시아에서의 학교생활을 정리하고 떠나게 되었다. 그가 떠나기 전, 마지막 인사차 내 사무실로 찾아왔다. 나는 그에게 웃으며 물었다.

"애, 너 팔뚝에 새겨놓은 '불공평'이란 단어, 아직도 유효하니?"

아이가 웃으면서 대답했다.

"선생님, 저는 한때 고아가 됐다는 사실에 분노했어요. 그런데 제가 이 땅에서 새롭게 배운 건, 이곳에 하나님께서 많은 부모님을 예비해 주셨다는 거예요. 제가 만난 선교사님들이 그랬어요. 그리고 선생님도 그중 한 분이세요."

나는 학생에게 이야기했다.

"고맙구나…. 그런데 네 인생 가운데 일어난 가장 불공평한 일을 내가 이야기해 줄까? 네가 많은 죄를 지었음에도 벌을 받지 않게 되었고, 죄지은 적이 없으신 예수님이 대신 네 벌을 받으신 일이야. 벌 받을 이유가 없는 분이 너 대신에 죄의 삯을 치르셨어. 이처럼 불공평한 일이 있을 수 있니! 그리고 아프간 땅에 있는 수많은 사람이 하나님을 모르는데, 네게는 하나님을 믿고 구원받을 수 있는 기회가 주어졌어. 또한 너 하나 공부시키기 위해 하나님께서 이 캠퍼스에 얼마나 많은 재정을 쏟아부으셨는지 아니! 그리고 얼마나 많은 선교사가 자기 인생의 행로를 바꾸며 여기 와서 섬겼니! 그것이 너 하나 때문이라면 얼마나 불공평한 일이니! 네가 대가를 지불한 것도, 갚을 수 있는 것도 아닌데 말이야.

그리고 내가 널 위해 선물을 하나 준비했는데, 이것도 네가 노력해서 받는 게 아니니까 실은 불공평한 일이지. 그런데 있잖아… 네 인생은 그렇게 이해되지 않는, 말도 안 되는 불공평한 은혜에 기초하고 있단다."

중층적 예비하심의 섭리

한때 대학교를 설립하는 과정에서 어디까지가 하나님이 준비하신 것이고, 무엇이 우리의 역할인지 의문이 있었다.

어느 날, 집 밖에 나와서 집 쪽을 바라보며 아이들이 나와서 차에 타기를 기다리던 중이었다. 그런데 문득 집을 한쪽 각도에서 바라본 모습이 굉장히 낯익으면서 전에 어디선가 본 적이 있는 것 같았다. 그러고 보니 정신없이 지내느라 찬찬히 우리 집을 살펴볼 겨를이 없었다.

이 집은 우리가 자카르타 시내에서 캠퍼스 인근으로 이사하면서 빌린 집이었다. 여차하면 학교로 또는 모임 장소나 예배 공간으로 쓸 수 있고, 싱글 사역자들의 숙소 역할도 할 수 있도록 큰 집을 보던 중에 한 교인이 소개한 공간이었다. 그렇게 사오 년을 살았는데, 새삼 집의 모습이 내 기억의 한 부분을 자극했다.

문득 몽골에서 집을 구하던 때가 떠올랐다. 오병이어선교회의 선교관으로 사용하던 아파트에 살다가 그 집을 후임 사역자에게 물려주기 위해 새로운 집을 구해야 했다. 나는 다음 거처에 대해 하나님께 묻는 기도를 했다.

그러던 어느 날, 기도 중에 어렴풋이 집 한 채가 보였다. 그런데 미국에서 보던 타운 하우스나 단독 주택 같아 보였다. 옅은 페인트 색, 이층집, 큰 창문, 기와지붕…. 그때 나는 기도 중에 본 집에 대해 아내와 나누었다.

하지만 문제는 울란바토르 시내에서는 그런 집을 찾아보기 어렵다는 거였다. 당시 시내에 있는 집은 모두 아파트 단지였다. 결국 그런 집을 구하지 못하고 동료 선교사님이 소유한 아파트를 빌려 들어갔다. 왜 그런 집을 하필 그때 기도 중에 보았는지 의문이 들었다.

"아마도 나중에 우리가 안식년에 가서 살 집이거나 천국에서 살 집이 아닐까?"

나는 아내와 이렇게 이야기하며 웃어넘겼다. 이 땅에서 셋집 살며 떠돌이 생활하는 우리를 위로하시려고 천국에서 살 집을 미리 보여주신 거로 생각했다.

그런데 그날 새삼 우리 집을 보면서 예전에 몽골에서 기도 중에 보았던 집이 생각났다. 그리고 우리는 얼마 있다가 또 집을 옮겨야 했다. 칠 년 이상 사역을 함께했던 장로님 가정이 떠나면서 집과 차를 사역에 기증해 주었는데, 우리 가정이 들어가서 살면 좋겠다고 제안했다. 그래서 그 댁으로 이사하게 되었다.

몇 개월이 지나서 또 그 집의 외관을 어느 한 각도에서 보았다. 그런데 또 그 모습이 내가 몽골에서 기도하던 집의 구조와 닮아 있었다. 그제야 하나님이 준비하신 집이 한 채가 아닐 수 있겠다는 생각이 들었다.

하나님께서는 십칠팔 년 전, 이 두 집이 속한 단지가 지어지기 전부터 우리 가정을 위해 인도네시아에서 우리가 살 집을 준비하고 계셨다는 깨달음이 왔다. 나의 앞길에 대해 아무것도 모르고 그저 이 년만 헌신하겠다고 몽골 땅에 들어간 지 채 이 년이 안 된 때, 하나님께서는 이미 우리 가정의 인도네시아에서의 생활과 사역을 위해 무언가를 예비하고 계셨다는 사실이 내 마음을 '쿵' 하고 때렸다. 한때 '왜 몽골로 보내시고, 다시 인도네시아로 사역지를 옮기게 하셨을까' 하는 궁금함이 있었다. 지나고 보니, 몽골 사역은 인도네시아 사역을 위한 준비 기간이었다.

돌아보면, 하나님께서는 인도네시아에서의 교육 사역을 위해 많은 것을 미리 계획하셨다. 하지만 내게 그 계획을 설명해 주시지 않은 채 그 땅으로 들어가라고 명령하셨다. 그런데 하나님은 우리가 살 집에 대해서도 섬세하게 계획을 세우고 계셨다. 내가 살 집만 준비하신 게 아니라 우리 사역의 전체 그림을 갖고 계셨다.

이 사역을 하나님께서 미리 준비하셨다면, 학교에 입학할 학생들이 엄마 배 속에 있거나 아장아장 걸을 때 이미 그들이 미래에 다닐 이 학교를 준비하고 계셨다는 것도 깨달아졌다.

2024년 졸업식 전날, 졸업생들을 사무실에서 만날 때였다. 학생들이 선물이라며 내게 인도네시아 전통 정장인 바틱 한 벌을 주었다. 내가 그들에게 말했다.

"나는 안식년 갈 준비에 바빠서 너희 선물도 준비하지

못했는데…. 받기만 해서 미안하구나."

그러자 한 학생이 말했다.

"무슨 말씀을요…. 선생님은 우리에게 JIU를 선물로 주셨잖아요."

그 말에 함께 있던 학생들이 "아멘" 했다. 나는 그저 순종을 통해 하나님이 예비하신 약속의 통로가 되었을 뿐, 하나님께서 이 아이들에게 선물을 주시기 위해 기쁜 마음으로 오래전부터 준비하고 계셨다.

2024년 입학생들과 오리엔테이션으로 만났을 때도 질문 시간에 한 여학생이 손을 들고 일어서서 내게 감사의 뜻을 표했다.

"저는 술라웨시섬에서 왔습니다. 너무나도 대학에 입학하고 싶었지만 가정 형편 때문에 일해야 했습니다. 아이돌 보미로 일하면서 틈틈이 공부했는데 월급을 한 푼도 안 쓰고 모아도 2029년쯤에나 대학에 입학할 수 있겠다고 생각했어요. 그런데 JIU 입학팀으로부터 특별 장학금을 받을 수 있다는 소식을 접하고 무척 기뻤습니다. 제가 이곳에서 공부할 수 있도록 길을 열어주셔서 정말 감사합니다."

그런 고백을 하는 몇몇 학생을 보며, 어쩌면 이들이 바라지도 못하던 중에 하나님께서 먼저 일하고 계셨다는 사실을 깨달았다. 2023년 JIU 학생 선교여행 팀이 한국을 방문했을 때, 나는 그 팀을 만나러 숭실대학교에 갔다. 학생들과 대학 내 기독교박물관에 들어갔다. 거기서 한국에 처음 들어온 선교사 세 분의 이름을 보았다.

"알렌, 언더우드, 아펜젤러."

나는 학생들에게 말했다.

"세 분 모두 병원과 학교를 세워서 사역했단다. 선생님의 아내는 언더우드 선교사가 세운 대학에서 공부했어. 아펜젤러 선교사는 '배재학당'을 세웠는데 선생님이 그 학교 101회 졸업생이란다. 선생님은 졸업식 때, 왜 내가 101회라는 특별한 의미의 졸업생이 되었는지 궁금하다고 하나님께 말씀드렸단다. 그런데 지금 보니, 선생님이 다닌 학교의 설립자가 했던 일을 나도 하고 있구나."

어쩌면 하나님께서는 아펜젤러 선교사가 아무것도 보이지 않는 상황에서 학교를 시작했을 때, 오랜 시간 후에 그 학교 졸업생이 그를 따라 같은 길을 가게 될 것을 예비하고 계시지 않았을까! 그렇다면 내가 가는 길은 이미 약속 안에서 예비된 길이고, 이 길 끝에서 누군가가 그 약속을 이어받아 또 다른 사명의 길을 가게 되는 건 아닐까!

7장

약속을 품고 사는 삶

약속이 이루어지는 방식

아브라함은 소돔과 고모라 땅을 택한 롯과 헤어져서 헤브론 땅 마므레 상수리 수풀에 이르러 여호와를 위하여 제단을 쌓고 그곳에 거주했다. 그리고 그 땅은 약속의 땅이 되었다. 아브라함이 아흔아홉 살이 되었을 때, 그를 찾아오신 하나님께서 다음과 같은 약속을 하셨다.

이제 후로는 네 이름을 아브람이라 하지 아니하고 아브라함이라 하리니 이는 내가 너를 여러 민족의 아버지가 되게 함이니라 내가 너로 심히 번성하게 하리니 내가 네게서 민족들이 나게 하며 왕들이 네게로부터 나오리라 내가 내 언약을 나와 너 및 네 대대 후손 사이에 세워서 영원한 언약을 삼고 너와 네 후손의 하나님이 되리라 내가 너와 네 후손에게 네가 거류하는 이 땅 곧 가나안 온 땅을 주어 영원한 기업이 되게 하고 나는 그들의 하나님이 되리라 **창 17:5-8**

그러고는 심지어 직접 사람의 몸을 입고 마므레 지역 아브라함의 장막으로 찾아오셔서 다시 약속을 확인시켜 주셨다.

아브라함은 강대한 나라가 되고 친하 만민은 그로 말미암아 복을 받게 될 것이 아니냐 **창 18:18**

훗날 이 약속은 글자 그대로 그 땅에서 성취된다. 다윗이 헤브론에서 유다 왕국을 시작한 것이다.

사울 왕이 죽자, 새로운 시대가 열릴 것을 직감한 다윗이 하나님께 어찌할지를 물었다. 그때 하나님께서는 다윗에게 헤브론으로 가라고 말씀하신다. 다윗은 그곳에서 유다 왕국을 세운다. 그렇게 지어진 그의 성읍은 아브라함이 있던 마므레 지역의 제단에서 약 3킬로미터 떨어진 외곽에 있었다.

하나님께서 찾아오셔서 친히 아브라함에게 약속하신 곳

에서 또 다른 언약의 주인공인 다윗이 유다 왕국을 시작한 것이다. 이로써 하나님의 약속은 하나님이 약속하신 바로 그 지역에서 문자 그대로 성취되었다.

그리고 하나님의 약속의 성취를 위해 사용된 다윗은 다시 하나님으로부터 약속을 받는다. 그는 시편 16편에서 이렇게 고백한다.

> 이는 주께서 내 영혼을 스올에 버리지 아니하시며 주의 거룩한 자를 멸망시키지 않으실 것임이니이다 주께서 생명의 길을 내게 보이시리니 주의 앞에는 충만한 기쁨이 있고 주의 오른쪽에는 영원한 즐거움이 있나이다 시 16:10,11

다윗은 죽었고 예루살렘에 묻혔다. 그래서 초대교회 사도들은 이 구절을 바로 그의 후손으로 올 메시아가 죽지 않고 다시 살 것에 대한 예언으로 보았다. 베드로는 예루살렘에서 한 첫 번째 오순절 설교에서 아래와 같이 설파한다.

> 다윗이 그를 가리켜 이르되 … 이는 내 영혼을 음부에 버리지 아니하시며 주의 거룩한 자로 썩음을 당하지 않게 하실 것임이로

다 주께서 생명의 길을 내게 보이셨으니 주 앞에서 내게 기쁨이 충만하게 하시리로다 하였으므로 형제들아 내가 조상 다윗에 대하여 담대히 말할 수 있노니 다윗이 죽어 장사되어 그 묘가 오늘까지 우리 중에 있도다 그는 선지자라 하나님이 이미 맹세 하사 그 자손 중에서 한 사람을 그 위에 앉게 하리라 하심을 알 고 미리 본 고로 그리스도의 부활을 말하되 그가 음부에 버림이 되지 않고 그의 육신이 썩음을 당하지 아니하시리라 하더니

행 2:25,27-31

초대교회 사도들은 아브라함으로부터 이어진 하나님의 언약이 다윗을 통해 이루어졌고, 또 다윗의 고백이 예수 그리스도를 통해 실현된 것을 믿음 안에서 확인했다. 하나님이 아브라함에게 약속하신 것이 다윗을 통해 성취되었고, 또 아브라함과 다윗에게 주어진 약속은 그 자손으로 이 땅에 오신 그리스도를 통해서 완성된 것이다.

다윗이 죽어서 묻힌 예루살렘에서 예수님은 부활하셔서 그분의 예언을 성취하셨다. 또한 예루살렘은 아브라함이 하나님의 명령에 순종하여 자기의 독자 이삭을 제물로 드리려 했다가 하나님이 준비하신 희생제물을 본 땅이기도 했다.

우리는 성경을 통해 오랜 시간을 두고 하나님의 퍼즐이 맞춰지며 온전한 약속의 성취가 이루어짐을 확인할 수 있다. 하나님은 그분의 신실함으로 하나님의 때, 하나님의 방식으로 하나님이 선택하신 사람을 통해 구원의 약속을 이 땅 가운데 실현하셨다. 그리고 그분은 그리스도 안에서 부르심을 받은 우리를 위해 동일한 신실하심으로 역사하신다.

예수 그리스도를 통한 약속의 성취

우리는 성경을 통해 하나님께서 노아, 아브라함, 모세 그리고 다윗에게 언약을 주셨음을 본다. 이 모든 언약은 결국 예수 그리스도를 통한 죄의 용서와 부활과 영생과 함께하심 그리고 재림에 대한 약속으로 완결된다.

구약 성경에는 메시아에 대한 약속이 이백 번 넘게 나온다고 한다. 그리고 하나님은 예수 그리스도를 이 땅에 보내시고 십자가의 죽음과 부활을 통해 그 약속을 성실히 이루셨다.

아브라함을 기점으로 이스라엘 민족을 세우시고, 그 혈통을 따라 예수 그리스도를 인류에게 주실 약속을 시작하신 하나님은 이스라엘의 수많은 실패와 배반과 반역의 역사 가운데서도 신실하게 약속을 이루셨다. 그분은 계속되는 이스라엘의 실패에도 예수 그리스도를 통한 약속의 성취로 당신의 신실하심을 일방적으로 확증하셨다. 그리하여 아브라함의 자손 예수 그리스도는 우리에게 주기로 허락하신 그 놀라운 구원 약속의 기초이자 근거가 되어주셨다.

예수 그리스도를 우리의 구세주로 고백함을 통해, 우리는 하나님께서 아브라함과 이후 세대에게 성경을 통해 약속하신 그 모든 약속을 소유할 수 있게 되었다. 그 약속을 기대하고 선포하며 믿음 안에 살아가는 삶 가운데 소망 속에서 하나님의 신실하심을 경험하며 살아갈 수 있는 문이 열린 것이다.

성경을 보면, 하나님께서 인류 전체를 대상으로 주시는 보편적인 약속, 즉 그리스도를 통해 이루어 가시는 약속이 있다. 아울러 한 시대를 살아가는 한 인생을 택하셔서 그에게 주시는 개별적 약속이 있다. 그런데 개인에게 주신 약속도 결국은 그리스도를 통한 약속과 씨줄과 날줄로 얽혀서 구원사의 한 조각을 이루어간다.

영어 성경을 보면, 한국어 성경에는 대체로 '은총'으로 번역된 '페이버'(favor)라는 단어를 만난다. 성경에서는 주로 하나님께서 선택해서 사용하신 사람들을 설명할 때, '하나님의 페이버를 받은 사람'이라고 표현한다. 아벨, 노아, 아브라함, 모세, 사무엘, 다윗 등이 대표적인 예다. 신약 시대에는 마리아가 요셉과 정혼한 후, 천사가 마리아를 찾아와서 말할 때 이 표현이 나온다.

"너 하나님의 은총(favor)을 받은 자여!"

즉, 하나님의 페이버를 받은 사람은 구원사에서 하나님의 약속인 그리스도의 희생과 헌신의 예표가 되는 사명과 부담을 담당하기 위해 부름을 받은 사람인 것으로 보인다.

예수님의 탄생 시점에 들에서 양을 치던 목자들에게 천군과 천사들이 나타나 외친다.

"지극히 높은 곳에서는 하나님께 영광이요 땅에서는 하나님이 기뻐하신 사람들 중에 평화로다"(눅 2:14).

영어 성경은 "하나님이 기뻐하신 사람들"이라는 구절을 '하나님의 페이버를 받은 사람들'로 번역했다. 여기서 '페이버'는 하나님의 구원의 약속이 실현되는 것을 보도록 허락받은 사람이 경험하는 특별한 평안을 말한다.

하나님의 은총을 받은 마리아에게 요구된 것은 하나님의 구원 약속을 이루기 위해 감당해야 할 모험이었다. 동정녀의 몸에서 메시아가 날 것에 대한 약속의 성취를 위해 처녀의 몸으로 정혼 상대가 있는데도 아이를 배는 거였다. 이 사실이 알려지면, 이름에 사회적 낙인이 찍히고, 혼인 약속은 깨지고, 돌에 맞아 죽을 수도 있는 위험을 감수해야 했다.

하나님의 약속의 성취를 위한 통로로 부름을 받은 사람은 그 자체로 특별한 선택적 사랑을 받은 것이다. 왜 그들을 택하셨는지는 하나님의 소관이다. 그들이 인간적으로 훌륭해서 선택된 게 아니다. 단, 우리는 성경 인물들이 경험한 특별한 삶의 부르심이 없을지언정, 하나님의 약속을 받은 백성으로 선택받았다는 사실을 기억할 필요가 있다. 그리고 그 선택받은 백성을 통해 하나님께서 놀라운 기적의 역사를 이루어 내신다는 것도.

한번은 흩어져 살던 아이들이 한국에 함께 들어와 온 가족이 한 공간에 있을 때였다. 네 아이가 서로 경쟁하며 엄마 품을 파고들었다. 한 아이가 모두에게 선포했다.

"엄마는 나를 제일 사랑해!"

그러자 다른 녀석들이 일제히 "아니야, 엄마는 나를 제일 사랑해!"라고 외치며 서로 자기가 제일 사랑받는다고 우겼다. 이십 대에서 십 대까지 네 자녀 모두 자기가 가장 사랑받는 아이이고 싶어 했고, 또 그렇게 믿었다. 감사한 건, 각자가 부모에게 자기가 특별한 존재로 사랑받고 있다고 믿는 점이었다. 그것은 사실이기도 했다.

이것은 하나님과의 관계에서도 동일하게 적용된다. 우리는 자신이 하나님의 특별한 관심을 받고 있음을 믿을 때, 그런 자녀로 살아간다. 물론 약속으로의 부르심에는 위험과 도전이 따른다. 이는 감당하기 어려운 희생과 큰 도전을 감수해야 하는 모험이기도 하다. 그러나 그 위기와 고비를 넘는 자는 남들은 알 수 없는 특별한 하나님의 역사하심과 은혜를 경험한다.

자신이 하나님의 특별한 관심과 사랑을 받고 있다고 믿으며 헌신 가운데 사명의 길을 걸어가는 자에게 이러한 특별한 은혜와 믿음의 도전이 함께 주어지는 것은 하나의 패턴처럼 자주 목격되는 일이다.

아브라함이 아들을 바치는 시험을 통과하고 난 후, 그의 삶의 이야기는 더 이상 창세기의 중심 주제가 되지 않는다. 가장 중요한 숙제를 치른 아브라함은 그 삶의 부르심의 목적을 이룬 것이고, 이후 바통은 다음세대로 넘어간다. 성경의 언약사적 초점이 이삭과 야곱 그리고 요셉의 삶으로 이동한다.

이삭을 바치는 시험 이후, 아브라함은 육십여 년을 더산 것으로 보인다. 백칠십오 살에 생을 마감했으니, 그는 가나안 땅으로 부르심을 받은 후 백여 년을 하나님과 동행했다. 삶의 후반부에도 하나님은 계속 그에게 복을 더해 주셨다.

그가 판 우물에서는 물이 나왔고, 재산도 풍부했으며, 적의 공격도 받지 않았다. 또 이삭이 결혼해서 오랜 기다림 끝에 쌍둥이 손자를 보았다. 사라가 죽은 후에는 다른 부인인 그두라를 통해 여섯 명의 아들을 두었고, 그들은 모두 민족의 기원이 되었다. 하나님께서 그를 위해 아끼지 않고 많은 것을 베풀어주셨다. 하나님의 복을 받고 사는 사람의 전형을 아브라함의 삶에서 볼 수 있다.

아브라함은 삶의 여정 가운데 하나님과 특별한 관계를

누리며 영적으로 믿음의 성장을 이루어 갔을 것이다. 아마도 하나님께서 아브라함과의 교제 속에서 그가 계속 성장하기를 바라셨기에 백 년이라는 시간을 그와 동행하셨던 게 아닌가 생각한다.

미국 샬럿에서 빌리 그래함 기념 도서관을 방문했을 때, 인상 깊었던 것이 있다. 사모인 루스 그래함의 무덤에 적힌 묘비명이었다.

"End of Construction, Thanks for your patience(이제 공사는 끝났습니다. 인내해 주어 고맙습니다)."

루스 그래함은 삶을 하나님의 건축 과정으로 보았다. 그리고 그 성장은 죽을 때까지 계속되는 것으로 생각했다.

아브라함에게 인생의 후반부는 그런 시간이었을 것이다. 그런 의미에서 귀하고 소중했을 것이다. 하지만 그의 삶의 클라이맥스는 인생 후반의 평온한 삶이 아니었다. 그가 하나님의 약속을 받은 자로서 희생의 예표가 되기 위해 순종한 그때가 가장 중요한 순간이었을 것이다. 하나님이 약속의 성취 계획을 실행하시는 과정에서 그에게 요구하신 것이 '내려놓음'이었다. 그리고 그 버거운 부담을 기꺼이 지고 가는 '순종'이었다.

하나님의 복의 약속이 성취되기 위해 우리에게는 감당할 수 없을 것 같은 부담과 위험 감수가 요구되곤 한다. 이 역설을 어떻게 이해해야 할까?

모세의 짐

하나님의 약속 성취와 우리의 내려놓음 사이 관계에 대해 중요한 혜안을 주는 성경 인물이 바로 모세다. 그의 삶은 어린 시절, 어머니가 그를 하나님께 의탁하며 갈대 상자에 넣어 나일강에 떠나보내는 '내려놓음'으로 시작된다.

이후 그는 광야에서 이스라엘 백성을 이끌고 약속의 땅으로 행군하며 갈증과 배고픔 등의 결핍 때문에 백성들이 쏟아붓는 숱한 불평과 반대와 저항을 받아내야 했다. 광야에서 사십 년을 기다리다가 새로운 세대와 함께 요단강을 건너 가나안 땅에 발 딛고 싶었지만, 하나님께서는 모세가 그 땅을 밟는 걸 허락하지 않으셨다. 그리고 그는 요단 동편에 멈춰 느보산에서 삶을 마무리한다.

사역을 시작하면서 성경에서 롤모델을 찾으며 성경을 묵상한 적이 있다. 그때 가장 그 인생길을 따라가고 싶지 않은 인물이 사실 모세였다. 광야에서 사십 년간 말 안 들고 목이 뻣뻣한 백성들의 지도자로 살면서 수많은 불평을 참아내야 했던 과정이 너무 처절하게 느껴졌다.

갖은 마음고생을 하고, 말년에도 힘든 삶을 살았던 모세. 비록 그가 영광스러운 하나님의 기적의 통로가 되었고, 구원사의 중요한 획을 그은 삶을 살았지만, 내게는 그의 삶이 매력적이지 않았다.

그러던 중에 미국 펜실베이니아 지역에 집회하러 갔을 때, 유명한 기독교 성극을 공연하는 '사이트 앤 사운드' (Sight and Sound)를 방문했다. 그런데 마침 그 시기에 모세의 일생을 뮤지컬로 공연하고 있었다. 모세가 태어나 갈대 상자에 놓여 나일강에 버려진 이야기로 시작해서 이집트에 내린 열 가지 재앙과 홍해가 갈라진 사건 그리고 광야에서 십계명을 받는 장면이 웅장하게 묘사되었다. 영화 〈십계〉와 구성이 유사했다.

한편, 나는 속으로 생각했다.

'저 이야기가 모세 일생의 핵심이 아닌데….'

내가 볼 때, 모세의 삶 전체에서 가장 중요한 핵심 중 하나는 광야에서 묵묵하게 하나님의 인도하심에 따라 백성을 이끌며 살아간 걸음이었다. 물론 이 시기의 이야기는 극적인 매력은 없지만 신앙 여정에서 우리가 더 도움받고 위로받는 대목이다.

하나님께서 때로는 '너는 여기까지야'라고 우리 인생 가운데 경계선을 그으시는 경우가 있다. 모세의 삶의 마지막이 바로 그랬다. 하나님은 모세에게 약속의 땅 가나안을 바라만 보라고 하셨다. 그 땅을 밟지는 못한다고 하셨다. 이에 모세는 마지막으로 탄원했다.

"하나님, 저, 가나안 땅을 마지막으로 밟고 죽고 싶어요. 그 전에 죽는 건 억울해요. 제가 그 땅만 바라보고 지금까지 광야의 삶을 버텨왔는데…. 한 번만 기회를 주세요. 하나님이 이미 말씀하셨지만, 그동안의 제 헌신과 섬김을 생각해서라도 마음을 좀 바꿔주세요. 그 땅을 밟기만 하게 해주세요."

아마 모세는 이런 심정으로 기도했을 것이다. 그런데 하나님의 말씀은 단호하기 그지없었다.

"이것으로 족하니 더 이상 구하지 마라."

왜 그러셨을까? 하나님은 모세를 광야에서 죽어간 사람들의 지도자로 세우셨다. 그랬기에 그는 소망이 이루어지는 걸 보지 못하고 죽은 많은 사람의 모델이 되었다. 모세도 그들의 리더로서 그들과 같은 처지에서 삶을 마무리하도록 하나님이 디자인하신 거였다. 그래서 민수기에서 여러 번에 걸쳐, 당시 이스라엘 백성 가운데 갈렙과 여호수아 외에는 누구도 가나안 땅에 들어갈 수 없다고 하셨고, 콕 집어서 모세도 못 들어간다고 말씀하셨다. 그러니 이것이 출애굽 2세대가 갈증 가운데 물을 달라고 불평했을 때, 모세가 분노하며 반석을 지팡이로 내리친 잘못에 기인한 것만은 아니었다. 모세의 삶의 마지막에 대한 하나님의 계획이 원래 그러했다.

또 하나의 이유는 모세의 사역 끝에서 여호수아의 사역이 시작되기 때문이었다. 이는 마치 엘리야와 엘리사의 관계 그리고 신약 시대에 세례 요한과 예수님의 관계와 유사하다. 모세의 삶은 광야에서 사역하다 스러져간 세례 요한적 사역의 예표였다. 구원자, 정복자로 오시는 예수님의 길을 예비하는 사역으로 부름을 받은 세례 요한처럼 모세는 정복자 여호수아의 길을 예비하는 사역으로 디자인되었다.

그런데 그게 끝이 아니었다. 오랜 세월이 지나 가나안 땅을 밟고 싶어 했던 모세의 소원이 이루어지는 순간이 있었다. 예수님이 변화산에서 영광스러운 모습으로 변하셨을 때, 모세와 엘리야가 그 땅을 딛고 서서 예수님과 대화하는 장면이 나온다. 모세는 그 땅을 밟고 있었다. 이처럼 하나님께서 그 아름답고 영광스러운 소원이 성취될 타이밍을 특별하게 계획하고 계셨던 것이다.

모세는 하나님이 예비하신 모든 계획과 섭리를 알지 못했다. 하지만 하나님의 말씀에 순종하고 그 경계에 머물러 세상을 떠났다. 그리고 오랜 시간이 지나, 그가 바라던 것이 아름답게 이루어진 걸 보게 되었다.

모세에 관한 공연을 보고 나오는 길에 안내해 준 목사님이 내게 기념품을 하나 선물하고 싶다고 했다. 마침 머그잔이 눈에 들어왔다. 앞에는 '모세'(Moses), 뒤에는 '내가 너를 선택했다'(I have chosen you)라고 적혀 있었다. 목사님은 나와 아내를 위해 두 개를 사주었다.

집에 돌아와서 그 컵에 커피를 마시며 결국 내가 모세의 길을 가고 있다는 사실을 인정했다. 지금껏 사역을 감당하기 위해 재정적, 정신적으로 큰 부담을 감내해야만 했다. 사역이 커지면서 질시와 회유, 협박, 오해, 모함 등을 받아내야 했다. 억울한 일도 많았고, 불평과 모욕도 감수해야만 했다. 나는 모세와 같은 큰 인물도 아니고 자격도 없는데, 너무나 무거운 짐을 혼자 감당하고 있다고 느낀 적이 많았다.

그런데 하나님께서 모세를 불러 보내시는 목적지가 가나안만은 아니었다. 그보다 더 중요한 목적이 있었다. 바로 모세의 성장과 성숙이었다. 이는 하나님께서 내게 짐을 지워주시는 이유이기도 하다.

《내려놓음》을 쓴 후, 어쩔 수 없이 내려놓는 삶의 과정을 묵상하며 씨름하는 시간이 있었다. 그럴 필요가 없었는데, 사역 초기에는 그런 마음의 눌림으로 책을 쓴 걸 후회한 적이 있었다. 내려놓은 사람으로서 살아가는 모습을 보여야 한다는 부담 때문이었다.

실은 책을 쓴 후에 비로소 내려놓음이 무엇인지를 본격적으로 고민했다. 책을 쓸 때만 해도 제목을 '내려놓음'으로 붙일 생각이 없었다. 그저 내가 하나님을 경험한 이야기를 편안한 방식으로 나누면 좋겠다고 생각했다. 그래서 '광야 일기'라는 제목으로 글을 시작했는데, 나중에 출판사에서 "원고에 '내려놓는다'라는 단어가 많이 나오니 제목으로 부각하는 게 어떨까요"라고 제안했다. 출판사 쪽에서도 "부담스러운 제목이긴 하지만, 제목에 대해서도 내려놓지요"라고 해서 그렇게 정하게 되었다.

출간 후 '내려놓음'이 많이 회자되고 한국 교계의 화두로 떠오르자, 내 안에서 '내려놓는다는 게 뭐지?'에 대한 본

격적인 고민이 시작되었다. 그래서 두 번째 책,《더 내려놓음》에서는 내려놓음을 '십자가를 지는 삶, 자아가 죽고 내 안에 예수님이 사시는 삶'으로 정의했다. 그런데 돌아보니 '그것이 전부가 아닐 수 있겠구나' 싶었다. 그러면서 '내려놓음이란 주제가 신앙인의 삶에 어떻게 작용하는가'를 설명하는 과정이, 어찌 보면 내 삶의 일관된 부르심이라고 인정하게 되었다.

그런데 십자가를 지는 삶을 묵상하고 경험하며 삶으로 살아내려는 애씀의 과정 가운데 우리에게 요구되는 중요한 믿음의 한 요소가 있음을 깨달았다. 그것은 '수용' 또는 '받아들임'이라고 표현할 수 있는 태도다. 성경 용어로는 '견딤' 또는 '인내'로 바꿀 수 있는데, 이는 주어진 상황과 나를 향한 부르심의 부담을 기꺼이 지고 가는 자세라고 하겠다.

싫어도 할 수 없어

아내는 인도네시아에 들어와서 육아로 힘든 시간을 보냈다. 생후 이 개월인 넷째를 키우며 더운 날씨에 적응하고 공동체를 이루다 보니 힘이 들었다. 그 시기에 셋째가

감정적으로 폭발하는 일이 잦았다. 얼마 후에는 큰아이와 둘째의 전혀 다른 방식의 사춘기에도 적응해야 했다. 네 아이 모두 각기 다른 필요로 엄마를 찾았지만, 아내는 그에 반응할 에너지도, 정신도 없었다. 더구나 공동체 리더로서 공동체의 여성들을 품고 이끌어줄 필요도 인식했지만, 어떻게 하는 게 좋을지 알 수 없을 때면 자신이 맞지 않는 옷을 입고 산다는 생각에 낙담했다.

아내는 밝은 성격이어서 평소에는 기쁨 가운데 사역의 빈자리를 조용히 채우며 지냈지만, '무능한 엄마, 무능한 리더'라는 자책감이 들거나 아이들 문제로 불안과 위기감이 찾아오면 도망가 버리고 싶다고 했다. 심지어는 죽으면 모든 것이 해결된다는 사단의 속삭임에 흔들리기도 했다.

그 무렵, 아내는 하나님께 기도하다가 이렇게 소리쳤다.

"싫어요… 싫다고요…. 왜 막내를 주셔서 셋째를 힘들게 하세요? 제가 이렇게나 다른 아이들의 필요와 요구를 혼자 어떻게 감당해요!"

얼마 뒤, 아내는 자기를 위해 중보 기도를 해주는 미국의 한 전도사님과 통화했다.

"선교사님… 하나님께서 싫어도 어쩔 수 없다고 하시네요."

아내는 너무나 당황했다. 그 표현은 아무에게도 이야기하지 않고 혼자 씨름하면서 했던 말이기 때문이었다.

'그렇구나…. 싫어도 어쩔 수 없이 감당하고 가야 할 길이구나.'

이후 아내에게는 하나님께서 실수로 이 도전과 부담을 맡기신 게 아니고, 그분께서 선한 뜻으로 자기 삶을 이끌어 가신다는 확신이 다시 찾아왔다. 그러자 기꺼이 상황을 받아들였고, 더 이상 예전처럼 힘들거나 실패할 것에 대한 두려움이 자신을 짓누르지 않는다고 고백했다.

웃으며 짐을 지는 것

앞서 말했듯이, 케이 에듀플렉스 캠퍼스의 첫 번째 건물을 지을 때, 재정적 부담이 매우 컸다. 건축비가 오십억 원정도 필요한데, 우리 수중에 그만한 재정이 없었다.

'하나님, 어떡할까요?'

기도하는데 하나님께서는 뒤로 물러서지 말고 믿음으로 전진하라는 마음을 주셨다. 그리고 건축회사와 계약하라고 하셔서 무모한 일이라 생각했지만, 나는 건축 공사 계약서에 서명했다.

하나님이 가라고 하시는 길에서 꽃길만 만나는 게 아니다. 믿음으로 순종했다고 해도 우리가 겪어야 할 많은 고난의 여정이 패키지로 따라온다. 예수님이 우리의 목자시지만, 항상 푸른 초장과 시냇가에만 머물러 있게 하시는 건 아니다. 그 쉴 만한 물가에는 못된 짐승들도 출몰한다. 푸른 초장은 늑대나 사자의 눈에 잘 뜨이는 곳이다. 또한 풀밭 한곳에만 머물면 양에 의해 초지가 훼손되므로 주기적으로 풀 뜯는 장소를 옮겨 다녀야 한다.

또 가나안 땅은 매년 두 달 정도의 건기를 지나는데 그때는 풀을 구할 수 없어서 산지로의 이동이 불가피하다. 그러다 보니 다른 곳으로 계속 이동하는 과정에서 사망의 음침한 골짜기도 지난다.

건축 공사 계약서에 사인하고 나자, 각종 청구서가 내 책상 위에 쌓이기 시작했다. 하지만 그 재정을 어떻게 채울지 내게는 답이 없었다. 문득 하나님께 서운했다. 건축을 시작하라고 하셔서 순종했는데, 재정이 내가 원하는 때에 맞춰서 공급되지 않았다. 어느 날, 하나님께 한숨 쉬고 투덜대며 기도했다.

'하나님, 저 자신 없어요. 저는 올해 연말이 오는 것도, 성탄을 맞는 것도 기쁘지 않아요. 전혀 기대가 안 되고, 제

발 다음 달이 오지 않으면 좋겠어요. 이 청구서들, 하나님이 좀 받으세요.'

그러면서 실제로 청구서들을 공중으로 던져버렸다. 하지만 하얀 종이들은 내 책상 여기저기에 다시 떨어졌다.

'하나님이 안 받으시네요. 보세요⋯. 결국 제가 처리해야 되네요. 이것을 최종 책임지는 사람이 보스잖아요. 도대체 누가 보스예요? 제가 보스인가요? 저는 하나님이 시키는 일만 하면 되는 줄 알았는데, 재정 책임까지 다 독박 써야 하잖아요. 감옥에 가도 제가 가잖아요. 그럼, 제가 이 사역의 보스인 거네요.'

그렇게 넋두리를 늘어놓을 때, 내 마음 깊숙한 곳에서 하나님이 말씀하신다고 느꼈다.

'너, 기왕이면 그 부담 가운데도 좀 웃으면서 가줄 수 없겠니?'

그때 내 마음을 울리는 생각이 있었다.

'아, 하나님이 날 힘들게 하시려고 이 어려움을 주시는 게 아니구나. 내가 웃으면서 갈 수 있다고 보시니까 요구하시는 거구나. 하나님이 나를 힘들게 만들려고 이런 부담을 주시는 게 아니구나.'

하나님께서 내가 어떤 부담 가운데서도 웃으면서 갈 수

있을 거라고 믿으신다는 것이 느껴졌다. 나는 믿음이 없어서 뒹굴고 있는데, 하나님은 그런 나를 믿고 계신다는 깨달음이 왔다. 그렇다면 그렇게 한번 살아보자고, 나 자신을 던져보자고 결심했다. 그때 하나님께서 이런 마음을 주셨다.

'너, 그 재정의 부담, 지고 가도 안 망해. 때로는 네가 망한 것같이 보여도 망한 게 아니야. 너의 약함과 결핍과 부담 위에 내가 나의 영광을 담아줄 거야.'

그래서 기쁘게 버텨보자고 다짐했다. 사실 사역이 망할 것을 두려워하지 않을 때, 사역에 묶이지 않을 수 있다. 놀랍게도 그렇게 결심한 순간부터 눌림 없이 기쁘게 살 수 있었다. 나는 일부러 재정의 눌림에 대항하기 위해 수중에 남은 재정을 쓰기 시작했다.

아내와 밖에서 점심을 먹으며 데이트도 하고, 사역자들을 위해 회식도 하고, 어려운 가정에 재정을 흘려보내기도 했다. 사역자 수가 늘어나서 전체 회식으로 한 끼 대접하는 것도 만만치 않은 부담이었지만, 과감하게 재정을 쓰면서 오히려 위축되었던 내 마음이 펴지기 시작했다.

하나님께서 이 재정 규모에 맞는 배포를 갖도록 나를 훈련하신다고 느꼈다. 또한 나의 그런 모습을 흐뭇하게 보고 계신다는 생각이 들었다. 그렇게 지내다 보니 어느새 일 원도 빚지지 않고 공사를 마무리했다. 하나님은 스스로 하신 약속을 책임지셨다.

우리는 삶의 어려움과 더불어 부담이 있을 때, 하나님을 더 겸손히 바라보게 된다. 그리고 하나님이 하시는 일을 더 생생하게 느낄 수 있다. 우리 삶의 공급은 내 노력이 아닌 하나님의 선하심과 넉넉하심에 근거한다는 사실을 고백할 수 있게 된다.

인도네시아 교육 사역을 맡으면서, 한때 내가 이 일에 적합한 사람이 아니라고 생각했다. 주어진 일이 성격상 잘 안 맞는다고 느꼈다. 나는 원래 학자와 교육자로 훈련된 사람이다. 그렇다 보니 계산이 안 나오는 대규모 사역을 가진 것 없이 또 답이 없이 진행하는 걸 너무나 싫어한다. 그런데 하나님은 콕 집어서 그런 상황 속으로 나를 밀어 넣으신다. '뱁새를 황새 만들기' 프로젝트를 가동하신다. 그리고 어느새, 두들겨 맞아도 버티는 투사의 모습으로 나를 바꿔놓으신다.

돌아보면, 하나님께서 우리더러 울고 있으라고 어려운 시간을 주신 게 아니었다. 씨름하던 문제를 하나님이 다

해결해 주신 걸 경험하고 나서야 비로소 '아, 하나님, 감사합니다. 하나님, 대단하십니다!'라고 고백하는 게 아니다. 무거운 부담 가운데 고뇌하는 그 순간, 그 현장에서 '모든 것이 주님의 은혜입니다. 모든 것이 하나님의 선한 계획 가운데 진행되고 있음을 알기에 미리 감사합니다'라고 고백하는 것이 믿음의 자세임을 배운다.

달란트의 의미

내가 짊어진 부담감과 씨름하는 가운데 예수님의 비유 중 마태복음 25장 14-30절에 나오는 한 달란트, 두 달란트 그리고 다섯 달란트 받은 종들의 이야기가 새롭게 다가왔다. 서구 교회에서는 주로 이 이야기의 달란트를 '재능'으로 인식했다. 그래서 '달란트'가 영어 단어의 재능을 의미하는 '탤런트'(talent)가 되었다.

그런데 당시 금 한 달란트는 금 삼십사 킬로그램으로 지금 시세로 삼십억 원에 해당하는 큰돈이었다. 당시 서민들은 상상하기 어려운 큰 액수였다. 그래서 예수님의 비유에서 달란트 이야기가 나오면 모두 과장법적 의미가 있다고 해석하면 된다.

지금껏 우리는 한 달란트를 묻어둔 종이 그렇게 한 이유가 주인이 자신을 인정해 주지 않아 마음이 상했기 때문이라고 해석해 왔다. 하지만 그 달란트가 받아내기 어려운 부담스러운 금액이라는 사실에 주목하면, 그 종이 받은 달란트로 모험을 하기보다는 안전 지향의 방식을 택했음을 유추할 수 있다.

이에 반해 두 달란트와 다섯 달란트 받은 종은 즉시 가서 장사했다고 한다. 당시 유대 사회는 상업이 발달하지 않았다. 고리대금업도 율법적으로 금지되어 있었다. 그러니 그렇게 큰 재정으로 바로 장사하기 위해서는 '믿음의 모험'이 필요했다.

주인이 종들에게 달란트를 맡긴 이유는 무엇이었을까? 헤롯 가문처럼 지역 분봉 왕의 자리를 물려받기 위해 로마 황제를 찾아간 예가 있듯이, 이 비유에 나오는 주인은 지역 왕권을 보장받기 위해 제국의 황제를 찾아간 유력자였을 것이다.

당시 그리스 문화권에서는 주인이 종에게 재정을 맡겨 사업하게 하고, 그 수익의 결과를 누리는 제도가 있었다. 하지만 이 비유에 나오는 주인은 자기 재산을 늘리는 데 관심이 없었다. 종들을 향한 계획이 있었고, 그들의 능력이 확장되는 것에 관심이 있었다.

나는 사역의 부담을 지고 가는 오랜 여정을 지나면서 이 비유가 이렇게 이해되었다.

'그렇구나. 달란트는 재능이 아니라 하나님께서 우리에게 허락하신 인생의 부담이구나. 그런데 그걸 똑같이 맡기시는 게 아니라 누구는 한 달란트 분량, 누구는 다섯 달란트 분량을 지게 하시는구나. 그러니 각 분량에 맞게 감당해야 하는 훈련의 몫이 있는 거구나. 주인이 이 땅에 돌아와 통치하실 때, 함께 통치할 그룹을 훈련하시려는 거구나. 무언가를 남기라고 하신 게 아니라, 종들의 성장을 기대하시는구나.'

그 부담 가운데 때론 아무것도 남길 것을 만들어 내지 못해도 괜찮다. 그저 그 과정에서 주님이 기뻐하시는 성장을 이루어 내면 된다. 사역의 성패는 하나님 몫이다. 주님은 나를 새 하늘과 새 땅을 다스리는 통치자로 준비시키기를 원하신다.

물론 여전히 내가 지고 가는 짐의 무게는 버겁다. 한번은 어느 선교사님의 사역 편지를 받았는데, 올 한 해 이천만 원의 재정을 놓고 기도한다는 내용이었다. 그 선교사님이 무척 부러웠다.

'나도 이천만 원만 필요하다면 얼마나 좋을까!'

내가 이 글을 쓰는 지금, 안식년을 맞아 미국에 머무는 기간에도 삼십억 원 규모의 네 번째 건물 공사가 캠퍼스에서 진행되고 있다. 운영비도 만들어 내야 한다. 사역자들과 학생들의 다양한 필요를 보고도 채워주지 못하는 데 대한 안타까움도 있다. 그런데도 그 부담을 지는 중에 만나는 하나님이 계신다. 그리고 내가 진 부담의 그늘에서 우리 학교의 사역을 통해 변화되는 영혼들이 생겨난다. 내가 믿음으로 기꺼이 지고 가는 부담이 만들어 내는 열매다. 내가 그 부담을 기꺼이 수용함으로써 누군가에게 복이 흘러가고 열매가 맺힌다.

돌아보면, 늘 재정에 쫓기는 삶인데, 한 번도 재정이 부족하지 않았다. 힘든 부담을 지고 가는 삶인데, 늘 감사할 일이 많다. 무거운 짐과 함께 가는 삶인데, 여전히 부요함을 누리고 있다.

사역지 밖에 나가면 긍휼함으로 도와야 할 사역자들이 많다. 그래서 내가 진 부담의 무게에도 불구하고 한국이나 미국에서 목회자와 성도를 만나면 주로 위로하게 된다. 누군가를 위로할 수 있다는 건 내게 줄 것이 있다는 것이다. 내가 삶의 부담 속에서 누리는 은혜가 누군가에게 소망을 주는 것을 본다.

나의 사역지에서 주님의 마음을 받고 주님이 원하시는 성장을 이루도록 주님의 방식으로 친히 나를 훈련하고 계심을 믿을 때, 여전히 웃을 수 있고 넉넉함을 누릴 수 있음을 경험한다.

2024년 안식년 기간에 빌리 그래함 기념 도서관에 갔을 때였다. 빌리 그래함의 일생의 사역을 전시하고 설명하는 여러 개의 부스를 지나면서 한 가지 질문이 생겼다. 내가 만약 십여 년 전에 이곳을 방문했다면 아마도 그가 얼마나 대단한 일을 많이 했는가에 주목했을 것 같다. 그리고 그런 일을 할 수 있는 특별한 기회를 부여받은 것이 부러워서 그 비결을 눈여겨보았을 것이다. 그런데 이 시점에서 그의 삶과 사역에 내가 가진 질문은 달랐다.

'그는 이 무거운 사역의 부담을 어떻게 지고 갈 수 있었을까? 수많은 사람의 기대 어린 시선을 어떻게 감당했을까? 결국 누구나 아는 익숙한 복음의 이야기를 수십만 청중에게 도전하는 게 무모하게 느껴지지는 않았을까? 예수님을 전혀 모르는 사람들에게 예수님을 믿게 하려고 어떤 고뇌의 시간을 보냈을까? 자신에겐 사람을 변화시킬 능력이 없음을 느끼며 집회 전에 하나님께 무엇을 간구했을까?'

빌리 그래함이 가졌을 고뇌에 대한 긍휼과 연민이 내게 다가왔다. 부담의 크기는 각기 다를지라도 같은 종류의 부담을 지닌 사람으로서 동병상련의 마음이 들었다.

그래도 우리가 나아갈 수 있는 이유

우리는 살면서 예기치 않은 어려움과 낙담하는 순간을 만난다. 하나님께서 반응하시지 않고 한없이 기다리게만 하신다고 느끼는 시간 말이다. 그런데도 좌절의 구렁텅이에 빠지지 않을 이유가 있다.

예수님이 변화산에서 영광스러운 모습으로 나타나셨을 때, 모세와 함께 있던 사람이 엘리야였다. 그도 사역 중에 갈멜산에서 놀라운 승리를 경험했지만, 이세벨의 위협을 받자 두려워서 광야로 들어가 차라리 죽겠다며 불평했다.

"하나님, 이건 해도 해도 안 됩니다. 제 힘으로는 아무리 노력해도 이 사람들, 절대 안 바뀝니다. 도대체 저는 죽어라 일하는데, 하나님은 뭘 하시는 건가요?"

그가 실망하여 광야에 홀로 머물렀던 시기에 하나님께서는 천사를 보내 따뜻하게 구운 떡으로 그를 위로하신 후 호렙산으로 인도하셨다. 그리고 영광 가운데 강한 바람과 지진 그리고 불을 보내셨다. 그 후 아주 세미한 음성으로 엘리야를 찾아오신 하나님은 그에게 가까운 시일에 당신이 행하실 일들을 알려주셨다. 아람의 왕과 이스라엘의 왕 그리고 엘리야의 후계자를 예비하셨다는 거였다.

지금으로 말하면 미국 대통령과 한국 대통령 그리고 영적 지도자를 하나님께서 세우신다는 말씀과도 같았다. 하나님께서 이 땅의 상황을 아시고, 보이지 않는 가운데 일하고 계신다는 사실을 말씀해 주신 것이다. 그것이 이해될 때, 우리 삶은 질서가 잡히며 안정된다. 하지만 하나님은 엘리야에게조차 하나님의 구원사의 놀라운 계획 그리고 인류 구원을 위해 그분이 갖고 계신 큰 계획을 다 알려주시지는 않았다.

엘리야가 그것을 알고 이해할 수 있게 되었을 때는 아마도 예수님과 변화산에서 함께 영광스러운 모습으로 대화할 시기가 아니었을까 생각한다.

하나님께서 모세와 엘리야를 부르며 바라셨던 한 가지는 결국 예수님을 닮은 삶, 그분의 예표로서의 삶을 이뤄가는 것이었다.

남유다 왕국이 바벨론에게 멸망하고 유다 귀족과 백성이 느부갓네살 왕에 의해 바벨론에 포로로 잡혀갔을 때의 일이다. 하나님은 예레미야에게 그들에게 편지하여 알리라고 하신다.

너희는 집을 짓고 거기에 살며 텃밭을 만들고 그 열매를 먹으라 아내를 맞이하여 자녀를 낳으며 너희 아들이 아내를 맞이하며 너희 딸이 남편을 맞아 그들로 자녀를 낳게 하여 너희가 거기에서 번성하고 줄어들지 아니하게 하라 너희는 내가 사로잡혀 가게 한 그 성읍의 평안을 구하고 그를 위하여 여호와께 기도하라 이는 그 성읍이 평안함으로 너희도 평안할 것임이라 렘 29:5-7

나라를 잃고 고향을 떠나와 재앙 가운데 망했다고 생각하고 있던 유다 왕국 출신 포로들에게 하나님은 그곳에서 평안을 구하고 자손을 번성시키며 생업을 일구라고 하신다. 즉, 우리가 볼 때는 망한 상황이지만 아직 망하지 않았다는, 여전히 소망이 있다는 말씀이었다. 하나님은 계속 말씀하신다.

하나님이 재앙이 아니라고 하시면 재앙이 아니다. 여전히 희망이 있다. 하나님께서는 왕국이 무너지고 성전이 훼파되고 노략질당했어도 여전히 끝나지 않았다고 하신다.

사무엘하 7장에는 선지자 나단이 다윗에게 하나님의 약속의 말씀을 전달하는 내용이 나온다.

네 집과 네 나라가 내 앞에서 영원히 보전되고 네 왕위가 영원히 건고하리라 **삼하 7:16**

이 하나님의 약속의 말씀이 깨질 것 같은 위기의 순간이 유다 왕국 역사에 몇 차례 있었다. 앗시리아가 중동 전역의 성들을 함락시키고, 히스기야 왕이 농성하고 있던 예루살렘을 포위했을 때, 하나님께서는 히스기야 왕을 도와 앗시리아 군대를 물리쳐주시고, 다윗 왕가를 보존해 주셨다.

가장 큰 위기의 순간은 바벨론의 느부갓네살 왕이 예루살렘 성을 무너뜨렸을 때였다. 고대 왕들의 전쟁에서 승리한 쪽은 패배한 나라의 왕족들을 모조리 죽이는 것이 일반

적이었다. 그래서 북이스라엘의 왕족들은 멸절되었다. 그런데 열왕기하는 다음과 같이 끝난다.

유다의 왕 여호야긴이 사로잡혀 간 지 삼십칠 년 곧 바벨론의 왕 에윌므로닥이 즉위한 원년 십이월 그달 이십칠 일에 유다의 왕 여호야긴을 옥에서 내놓아 그 머리를 들게 하고 그에게 좋게 말하고 그의 지위를 바벨론에 그와 함께 있는 모든 왕의 지위보다 높이고 그 죄수의 의복을 벗게 하고 그의 일평생에 항상 왕의 앞에서 양식을 먹게 하였고 그가 쓸 것은 날마다 왕에게서 받는 양이 있어서 종신토록 끊이지 아니하였더라 왕하 25:27-30

베를린 박물관에 가면 바벨론 성터 일부가 복원되어 있다. 그리고 발굴 현장에서 나온 쐐기문자판 중에 남유다의 왕 여호야긴에게 기름을 배급으로 준 것을 기록한 쐐기문자판이 전시되어 있다. 성경의 기록이 역사에 기초한 것임을 증명하는 고고학 발굴의 예다.

하나님께서는 유다 왕국이 무너진 순간에도 당신의 약속을 지키셔서 다윗의 계보를 보존하셨다. 상한 갈대를 꺾지 않으시고 꺼져가는 촛불의 심지를 끄지 않으셨다. 그리하여 여호야긴의 손자 스룹바벨은 바벨론에 끌려갔던 유다 왕국의 후손들을 데리고 예루살렘으로 가서 성전을 회복시켰다. 그렇게 하나님은 예수님의 조상의 계보를 이어가셨다.

하나님은 이스라엘 역사의 가장 어둡고 아픈 시기에도 새로운 세대를 준비하셨다. 다니엘과 세 친구, 에스겔, 에스더, 에스라, 스가랴, 스룹바벨, 느헤미야와 같은 하나님의 사람을 준비하셨고, 그들을 통해 새로운 회복의 메시지를 유대 백성에게 주셨다. 그 후에도 여전히 타락과 무너짐의 시간이 찾아왔지만, 하나님의 약속은 신실하게 이루어졌고, 마침내 예수 그리스도를 통해 그 구원의 약속이 완성되었다.

그렇게 아브라함과 다윗에게 약속하신 말씀은 예수 그리스도의 탄생으로 이루어진다. 세례 요한의 아버지 사가랴는 예수 그리스도의 탄생을 앞둔 시점에 성령의 충만함을 받아 하나님의 약속의 실현과 하나님의 신실하심을 선포한다.

우리를 위하여 구원의 뿔을 그 종 다윗의 집에 일으키셨으니 이것은 주께서 예로부터 거룩한 선지자의 입으로 말씀하신 바와 같이 우리 원수에게서와 우리를 미워하는 모든 자의 손에서 구

원하시는 일이라 우리 조상을 긍휼히 여기시며 그 거룩한 언약
을 기억하셨으니 곧 우리 조상 아브라함에게 하신 맹세라

눅 1:69-73

하나님은 당신의 신실하심을 이스라엘의 역사를 통해
증명해 가셨다. 그분은 약속하신 것을 반드시 이루시는
분이다.

다시 선택해도 이 길뿐

근래에 억울하고 마음 아픈 일을 당해서 배신감으로 낙
담했을 때였다. 우리를 조용히 관찰하던 딸아이가 아내에
게 물었다.

"아빠는 어떻게 이런 상황에서도 사역을 놓고 떠나지
않지?"

나는 그 말을 듣고, 아이가 사역지의 삶이 어려운 순간
도 있지만 얼마나 풍성하고 영광된 삶인지 이해할 수 있으
면 좋겠다고 생각했다. 얼마 후, 아내가 내게 물었다.

"여보, 당신이 과거로 돌아가서 인생의 길을 다시 선택
할 기회가 주어진다면, 똑같은 길을 선택할 것 같아요?"

그 질문에 진지하게 지난 삶의 순간순간을 떠올려 보았다. 나는 삶의 고비마다 하나님이 예비해 주신 은혜를 만났고, 그분의 약속이 이루어지는 순간을 수없이 경험했다. 그것은 세상의 다른 무엇과도 바꿀 수 없는 고귀한 선물이라는 생각이 들었다. 나는 아내에게 대답했다.

"여보, 아무리 생각해도 이걸 대체할 다른 길은 없는 것 같아요. 다시 선택한다 해도 이 길뿐이겠네."

하나님으로 만족하는 삶

《내려놓음》을 처음 낼 때 출판사에서 뽑은 표지 문구가 "내 인생의 가장 행복한 결정"이었다. 실은 이 문구가 부담스러웠다. '더 살아보지 않고 함부로 이렇게 말할 수 있을까' 싶었다. 그런데 그렇게 이십여 년간 한 방향으로 살고 보니, 이제는 말할 수 있을 것 같다. 내 것을 버리고 하나님의 약속을 선택하는 삶은 그 자체로 귀하고 가치 있다는 것을.

우리에게 주어진 짐과 부담을 기꺼이 질 수 있으려면 하나님의 신실하심과 우리를 향한 그분의 사랑이 어떤지를 이해하는 게 필요하다. 그러면 어떤 형편이나 상황에 있더라도 안전함을 인식할 수 있다. 또한 그분이 주신 약속만으로도 평안과 기쁨 가운데 거할 수 있음을 믿음으로 고백하고 삶에서 확인하는 과정을 거칠 수 있다.

《내려놓음》에 '내려놓는다'라는 표현과 '하나님 한 분으로 만족한다'라는 표현이 같이 여러 번 나온다. 이 두 가지는 내 안에 함께 있던 고백이지만, 막상 책을 쓸 때는 내려놓음과 하나님 한 분으로 만족하는 삶이 어떤 관계인지를 정확히 설명할 수 없었다. 그런데 선교지에서 내려놓음의 삶을 묵상하고 하나님을 경험하면서 '하나님 한 분으로 만족한다는 고백'과 '내려놓음의 선택'이 함께 굴러가는 두 개의 수레바퀴라는 사실을 배웠다.

즉, 하나님 한 분으로 만족할 수 있을 때, 비로소 자신을 만족시키려는 노력과 인생의 주도권을 하나님께 내려놓을 수 있다. 또한 스스로 채우려는 노력을 내려놓을 때, 하나님 한 분으로 만족하는 법도 배운다.

한번은 잠들기 전에 아내와 인도네시아에서의 생활을 돌이켜 보며 대화했다. 아내는 지금의 삶에 감사하며 기쁘게 살고 있지만, 한 가지 아쉬운 게 있다고 말했다.

"나는 서늘한 가을바람이 그리워요. 숲을 거닐며 그런

바람을 맞고 싶어요.”

인도네시아 날씨는 일 년 내내 여름이다. 늘 같은 날씨의 연속이다. 바람은 습기나 더위를 머금고 있다. 특히 숲은 정글이라 사람의 발길을 허락하지 않는다. 나는 인도네시아의 정글이 갖는 매력을 좋아하지만, 온대 지방의 숲에서 걷는 게 그리울 때가 있다.

나도 아내의 말에 동감했다.

“그러게… 나도 가을 숲이 그립네. 그곳에 물이 흐르는 걸 보면서 거닐면 더 좋겠는데….”

그리고 한 달이 지났다. 부활절 주간이 되어, 이 년 전에 잡은 호주의 한인 교회 수련회를 섬기기 위해 멜버른에 도착했다. 나를 데리러 온 목사님이 수련회 장소가 바뀌었다고 했다. 평소 가던 곳을 확보하기 어려워서 산 중턱 농장을 개조한 산장에서 집회한다고 말했다. 그곳에 가서 주변 이야기를 들으니, 멜버른 시내를 관통하는 야라 강의 상류와 가깝다고 했다.

집회 전 시간이 남아서 주변을 산책하다가 야라 강의 지류를 만났다. 강을 따라 걸어가는데 시원한 가을바람이 불었다. 그리고 보니 4월은 남반구의 가을이었다. 그때 문득 ‘Surprise!’(놀랐지!)라는 소리가 내 마음을 울렸다. 하나님이 내게 주시는 울림처럼 다가왔다.

'하나님, 진짜 놀랍네요. 절 위해서 이 순간을 준비해 주신 거군요!'

하나님께서 내가 지나가는 말로 아내와 나눈 이야기를 귀담아들으시고 준비해 주셨다는 감동이 일었다. 차마 하나님께 구하지도 못하고 마음 한편에 작은 바람으로 남겨 놓은 것인데, 하나님께서는 이 바람을 만족시킬 때를 준비하고 기다리셨다. 한편으로는 아이들을 챙겨야 해서 해외 일정에 함께하지 못한 아내가 마음에 걸렸다. 하나님은 그 마음도 아시고, 또 다른 때, 아내가 숲에서 시원한 바람을 마음껏 맞는 순간을 선물해 주셨다.

우리는 원하는 것을 찾으려고 애쓸 필요가 없다. 나를 사랑하시는 그분이 나의 필요를 아시고, 그것을 채우기를 기뻐하신다. 이 사실을 경험으로 깨달을수록 하나님을 위해 내가 원하는 무언가를 포기하는 게 힘들게 느껴지지 않는다. 나를 사랑하시고 돌보시는 그분을 위해 무언가를 희생할 수 있다는 건 특권이다. 그리고 그것이 나와 그분의 관계를 더 깊게 만드는 과정이라면, 더욱 기꺼이 선택할 수 있다.

8장

기도 가운데 응답을 바라며 사는 삶

약속을 찾고 붙잡는다는 것

여기까지 읽은 독자라면 이런 의문이 생길 수 있다.

"당신은 하나님의 약속을 받았다고 느낀 적이 있겠지만, 나는 한 번도 어떤 약속을 받았다고 생각해 보지 않았어요. 성경에 수많은 약속이 있지만, 그중 어느 것이 내게 주어지는 약속인지 모르겠어요. 내가 원하는 것을 기도하며 기다리지만, 그것이 하나님의 약속인지, 하나님이 내게도 정말로 이루어 주실지 여전히 확신이 없어요."

이에 도움이 되면 좋겠다는 마음으로 두 가지를 나누려고 한다.

하나는 내가 하나님의 약속과 응답을 찾아가는 과정이다. 돌아보면, 어린 시절에 나는 영적으로 예민하고 하나님께 잘 보이고 싶은 마음이 큰 아이였다. 예를 들어, 중요한 물건을 잃어버리면 하나님께 찾아달라고 간구했고, 그것을 찾으면 감사하곤 했다. 또 학교에서 어려운 문제를 만나면 하나님께 도와달라고 기도했다.

그러면서 점차 하나님께서 내 인생에 갖고 계신 계획과 방향에 관심이 생겼다. 결국 인생은 내 맘대로 산다고 되는 게 아님을 알았기에 고교 시절부터 나를 향한 하나님의 계획이 궁금했고, 그분의 약속을 받고자 했다. 그래서 교회나 집회에서 영적 은사가 있는 목사님이 내 삶의 방향을 놓고 기도해 주시면 유심히 듣고 마음에 새겼다. 그리고 그것이 실제로 어떻게 이루어지는지 관찰하고 확인했다.

또한 말씀을 읽고 묵상하는 중에 하나님이 내 인생을 통해 이루고자 하시는 일이 무언지, 어떻게 살아가는 것이 하나님의 기쁨이 되는지에도 관심이 많았던 것 같다. 실패와 실수도 했지만, 점차 하나님이 원하시는 일을 했다고 느낄 때 오는 감동과 기쁨의 경험이 쌓여갔다.

기도 중에 하나님이 기뻐하시는 뜻이 무엇인지 확인하는 방법은 주로 마음에 오는 감동을 통해서다. 어떤 기도 제목을 놓고 기도할 때 내 마음에 가슴 벅찬 감격과 울컥하는 감동이 잔잔하게 다가오는데, 때로는 그 감동이 언어적 표현이나 성경 구절과 함께 찾아오기도 한다. 그러면 이것을 묵상하고 분별하면서 하나님이 내게 주시는 뜻과 방향을 확인한다.

내게 주어진 도전 가운데 하나님의 뜻을 구하고자 집중하는 기간을 갖다 보면, 내 안에 믿음을 선택하고자 하는 갈망이 생긴다. 이 갈망으로 하나님 앞에 설 때, 그분이 기뻐하신다는 확신이 찾아온다. 또는 어떤 생각이 나를 사로잡는 방식으로 확신이 생기기도 한다.

우리가 믿음을 선택할 때 찾아오는 확신은 마음에 특별한 감동을 일으킨다. 그것은 독특한 매력이 있어서 다른 것은 잃어도 이 믿음의 선택만은 절대 잃어버릴 수 없다는 확신으로 나를 이끈다. 내가 글이나 설교에서 "하나님께서 말씀하셨다"라고 표현하는 건, 바로 이 마음의 감동에서 출발하는 것이다.

물론 우리가 믿음을 선택할 때만 하나님의 생각이 우리에게 찾아오는 건 아니다. 실패와 방황의 순간에도 하나님의 생각이 우리 안에 침투할 수 있다. 그러므로 하나님께서 내 안에 주셨다고 생각되는 방향성을 삶의 과정에서 계속 확인하는 것이 필요하다.

나는 하나님께 그분이 주신 생각이 맞는지 구체적인 상

황 속에서 확신할 수 있게 해달라고 구했다. 그러면 하나
님은 친절하게 그분의 때에 늘 창의적인 방법으로 내가 그
분의 인도하심을 잘 따라가고 있음을 분명히 확인시켜 주
셨다.

한편, 내가 하나님을 슬프시게 했다고 느끼는 무거움도
경험한다. 우리 집은 독실한 원불교 집안이었다. 친할아버
지가 귀의한 후, 원불교는 우리 집의 중심 종교가 되었다.
고모나 삼촌 중에는 불교에 귀의하거나 도나 이단에 빠지
는 분도 있었다. 친척들은 전통 종교의 틀 속에서는 나름
의 포용성이 있었지만, 기독교에는 반감이 강했다. 특히
기독교가 제사를 거부하기 때문이었다.

나는 하나님을 따르면서부터 집안 제삿날이 되면 큰 영
적 부대낌이 있었다. 전주 이씨 가문의 종손으로서 제사를
받들어야 하는 의무가 있었지만, 이를 거부하자 모든 가
족의 원망과 핍박을 감당해야 했다. 집안에서 무언의 압박
을 받으며 내가 믿는 바에 굳건히 선다는 건 말할 수 없이
두렵고 부담스러운 일이었다.

그러나 갈등과 부담을 감내하기로 결정했을 때 오는 자
유함이, 그 모든 어려움을 이길 능력이 되었다. 부담에 대
한 두려움에 무릎 꿇을 때 느끼는 비참함은, 믿음 안에 거

하기 위해 지불하는 대가보다 훨씬 크다는 걸 배웠다.

대학 시절, 만연했던 술 문화는 내게 또 다른 영적 도전이었다. 초반에 나는 순탄한 대학 생활과 원만한 인간관계를 위해 술자리를 피할 수만은 없다고 생각했고, 취하지 않으면 문제가 없을 거라고 자위하며 최소한으로 술자리에 참석했다.

그러다 교수님이 권하는 술에 한 차례 크게 취해 기억을 잃고 인사불성이 되었다. 다음 날, 교수님 댁에서 잠이 깨어 집으로 돌아오는 길에 하나님의 슬픈 눈빛이 느껴졌다. 너무 괴로웠다. 다시는 하나님의 마음을 슬프시게 하고 싶지 않았다. 내가 두려워하던 일이 실제로 일어난다고 해도 이보다 슬프고 비참하지는 않을 것 같았다. 그 경험은, 세상적인 두려움 때문에 믿음에서 떠나는 선택을 하는 것보다, 어려움을 무릅쓰고 믿음의 선택을 하는 게 영적 평안과 자유를 누리는 길임을 배우는 좋은 예방주사가 되었다.

나는 대학 시절을 지나면서 하나님께 쓰임 받는 사람이 되고자 하는 열심이 있었다. 그래서 내 인생을 향한 그분의 계획과 약속을 찾고 구했다. 마음 다해 구할 때마다 하나님께서는 시간을 두고 하나님의 사람들을 만나게 하시고, 문을 열어주시며, 환경을 통해 인도하심의 방향을 보게 하셨다.

이 장 서두에서 한 질문에 대한 두 번째 답으로, 하나님께서 우리 부부의 오랜 기도 제목에 어떻게 응답하시고 이끌어 가셨는지에 대한 가장 최근의 간증을 나누려 한다. 어느 가정에나 있을 법한 가족 구원의 이야기지만, 이를 통해 우리가 붙잡고 기도하는 하나님의 약속을 그분께서 어떻게 성취해 가시는지에 대한 한 예가 될 것이다.

아내의 가정은 기독교 가정이 아니었다. 친할아버지가 독실한 불교 신자였다. 아내는 초등학교 1학년 때 같이 살던 넷째 이모와 함께 한동안 교회에 나갔지만, 곧 "집안에 종교가 둘이면 안 된다"라는 아버지의 반대로 교회에 갈 수 없었다. 그러다가 대학 시절, IVF라는 선교단체에 가입하면서 신앙생활이 무언지 알아갔다. 학교 일이라고 하면 아버지의 간섭 없이 활동할 여지가 있었기 때문이다.

아내는 대학교 3학년 때 주일 성수에 대한 부담을 느껴서 성인이 되고 처음으로 교회에 나갔다. 하지만 아버지의 여전한 반대로 조심스레 교회 생활을 했다. 그래서 학교 선교단체 수련회에 가려면 몇 달 전부터 중보기도를 부탁해야 했다. 신앙생활을 완강하게 반대하는 아버지로 인해 너무나 힘들었던 아내는 속상한 마음에 학교 채플에서 기도하곤 했다.

'하나님, 우리 아버지를 바꿔주세요. 사울처럼 저를 핍박하는 아버지가 변해서 사도 바울같이 하나님께 쓰임 받는 사람이 되게 해주세요.'

그러던 어느 날, 성경을 읽다가 "주 예수를 믿으라 그리하면 너와 네 집이 구원을 받으리라"(행 16:31)라는 말씀이 아내 마음에 남았다. 이 말씀을 하나님께서 주시는 약속으로 붙잡았다. 그리고 이 말씀이 자신의 가정에도 이루어지게 해달라고 기도했다. 당시는 이 기도에 하나님이 어떻게 응답하실지 알 수 없었다. 아내는 이렇게 저렇게 아버지에게 복음을 전하려고 노력했지만, 아버지는 너무나 완강했고 절대 움직이지 않을 것 같은 큰 산처럼 느껴졌다.

시간이 지나, 아내는 결혼 후 나를 따라 미국에서 유학 시절을 보냈다. 그 시기에 아이들이 태어날 때마다 부모님이 몇 달씩 다녀가셨고, 그때 두 분은 어쩔 수 없이 교회 공동체와 어울리며 간접적으로 믿음 생활을 관찰할 수 있었다. 그러다가 2004년에 우리 가족은 선교를 위해 몽골 땅으로 갔다. 사위가 박사 학위를 받은 후에는 자리를 잡을 거로 기대했던 두 분은 뒤통수를 맞은 느낌이셨을 것이다. 나름 미국 명문대에서 박사과정을 이수한 사위에게 기대가 컸을 텐데, 딸을 데리고 또다시 선교지로 가버렸으니 말이다.

장인어른은 사위인 내게 여러 가지로 불편하고 언짢은 부분이 있었다. 내가 음주도 흡연도 안 하기에 어려운 관계를 같이 술 한잔하면서 풀어낼 수도 없고, 정서적으로 통하기도 어렵겠다 싶고, 또 교회 다니는 사위가 영적으로 거슬리기도 하셨을 것이다.

아내 역시 가족들의 구원을 보지 못하고 기도가 언제 응답될지 알지 못한 채, 선교지에 떨어져 사느라 마음 한편에 가족을 향한 아픈 마음이 늘 있었다.

그 후 시간이 한참 지난 2012년, 인도네시아에 들어간 지 얼마 되지 않아서 내가 췌장 수술 후 후유증으로 급히 병원 응급실로 실려갔을 때, 장모님은 두려움에 휩싸이셨다. 딸이 과부가 될지도 모른다는 생각이 들자, 무작정 집 근처 지구촌교회 예배당에 가셨다. 그리고 빈 예배당 뒤쪽에 앉아 혼자 눈물을 쏟으며 기도하던 중, 불쑥 "사위를 살려주시면 교회에 나가겠어요"라고 서원하셨다. 이후 내가 건강을 회복하자, 서원한 것이 마음에 걸려 결국 교회에 나가셨다. 그 후 세례를 받고 교회 내 목장에 소속되어 하나님에 대해 배우고 그분을 알아가셨다. 누군가의 아픔을 통해 누군가의 구원이 열리게 된 것이다.

몇 년 후, 큰 처남에게 '소뇌위축증'이라는 병이 찾아왔다. 당시 그는 인디 밴드를 결성해서 홍대 앞에서 공연하며 살고 있었는데, 무리하게 몸을 혹사하다 결국 뇌에까지 문제가 생긴 거였다. 자아가 워낙 강해서 한 번도 힘든 내색을 하지 않던 처남이 우리에게 도움이 필요하다는 카톡을 보내왔다. 마침 우리가 한국에 나와 있던 어느 날이었다.

하나님께서는 그즈음에 내가 영적으로 서로 다른 부분 때문에 큰 처남을 마음으로 품지 못하고 있음을 자각하게 하셨다. 그래서 그를 만나서 먼저 용서를 구하고 안아주었다. 그리고 같이 울다가 마음이 가난해진 그에게 조금씩 복음을 들려주기 시작했다. 이후 그에게 하나님께 기도하며 사는 삶이 시작되었다. 처남의 병은 오히려 장모님의 신앙을 견고하게 만들었다.

우리는 대부분 아픔이 빨리 없어지기를 소망하며 기도한다. 하지만 그 아픔으로 얻는 영적 유익을 인식하면 그 상황이 받아들여지고 감사로 바뀌는 것을 본다.

그런 가운데도 장인어른은 여전히 완고하셨다. 우리가 처가에서 함께 식사할 때면 식사 기도도, 신앙에 관한 이야기도 꺼내지 못하게 하셨다. 그러면서 자신 외에는 믿을 것이 없다고 말하곤 하셨다. 늘 근검절약하며, 하루에 서너 시간은 운동에 투자했기에 연세에 비해 놀라울 정도로 근육질인 몸 상태를 유지하셨다. 아내는 아버지의 구원을 두고 기도했던 것을 하나님께서 응답하시리라고 기대하면서도, 이 문제를 어떻게 기도해야 할지 막막해했다.

2024년 7월, 큰아이 동연이의 결혼과 미국으로 안식년 떠날 준비를 위해 우리 가족이 한국에 잠시 들어왔을 때였다. 결혼식을 사흘 남겨놓고 아내가 친정에 방문했는데, 아버지의 시력과 기억력에 이상을 느끼고 즉시 응급실로 모시고 갔다. 검사 결과, 뇌경색 진단이 나와 장인어른은 사흘간 중증 치료실에서 치료를 받으셨다. 만약 그때 아내가 친정에 가지 않았다면 골든타임을 놓쳤을 것이다.

해외에 있다가 들어와 이 주간 아들의 결혼 준비를 하느라 여러 가지로 바쁜 상황에서, 이것이 어떤 의미인지 아내와 나는 하나님께 묻는 시간을 가졌다. 내게 주신 마음은 우리를 향한 기쁜 뜻 가운데 하나님께서 선한 일을 시작하시고, 이 상황을 통제하고 계신다는 거였다. 이 모든 상황에 하나님의 시간표가 개입하고 있다고 느꼈다. 그래서 아내에게 걱정하지 말고 맡겨드리라고 했다.

나는 장인어른이 입원한 병원 중환자실에 면회하러 갔다. 기도해 드릴지 물었더니 기도해 달라고 하셨다. 기도하면서 우리는 같이 울었다. 자신의 견고했던 몸에 대한 믿음이 무너지면서 그 틈새로 복음이 들어가기 시작함을 느꼈다. 중증 치료실에 사흘 입원해 금식하고 시력에 문제가 생긴 아버지를 위해 기도하던 아내는 아버지가 겪은 일이 사도 바울이 다메섹으로 가던 중에 경험한 일과 동일함을 깨닫고, 하나님의 섬세하심에 놀랐다.

사흘 동안 보지 못하고 먹지도 마시지도 아니하니라 행 9:9

큰아이 결혼식을 마치자, 장인어른이 일반병실로 가시게 되어 아내가 간호할 수 있었다. 아내는 며칠 동안 아버지와 특별한 소풍과 같은 선물의 시간을 보냈다. 그동안 해외에 머물며 함께할 시간을 얻지 못하다가 이번 기회에 후회 없이 아버지와 많은 이야기를 나누고 감정을 풀며 마음을 정리할 수 있었다. 장인어른도 이 시간을 하나님께서 주셨다며 너무나 행복해하셨다.

장인어른이 아내에게 고백하시기를, 청소년 시기에 부모와 어려운 관계 속에서 탈출구로 교회를 찾은 적이 있었다고 했다. 하지만 방황하는 사춘기 소년을 교회가 끝내 품어주지 못하고 쫓아냈고, 그것이 상처가 되어 교회를 등지게 되었다고 하셨다. 신앙에 대한 거부감 이면에 교회에 대한 원망이 있었다. 장인어른이 그 이야기를 꺼낸 것은 고무적인 일이었다. 문제가 보이면 해답을 찾을 수 있기 때문이다.

퇴원하기 전에, 장인어른은 잘 보이지 않는 눈으로 A4 용지에 큰 글씨로 사위인 내게 손 편지를 써 주셨다. 고집을 부려서 미안했고, 새로 시작해 보겠다는 말씀과 하나님께 감사드린다는 내용이었다. 마음이 울컥했다. 장인어른이 하나님을 영접하기까지 얼마 남지 않았다는 기대가 올라왔다.

아직 시력이 불편하긴 했지만 퇴원하고 집으로 돌아간 후, 장인어른은 몇 걸음 더 하나님께 나아가셨다. 하지만 더 깊이 다가가는 것에는 여전히 주저함과 어려운 마음이 있었다. 그러던 중 11월 초에 다시 소뇌로 들어가는 혈관에 경색이 와서 중환자실에 입원하게 되셨다. 이번에는 소뇌 연수 쪽으로 혈전이 생겨 침 삼키는 데 어려움을 겪으셨다. 장인어른의 상태는 급속도로 악화했다.

게다가 폭력적인 섬망 증세까지 나타나 병원에서 아버지를 돌봐야 하는 둘째 처남과 장모님도 몸과 마음이 지쳐서 어쩔 줄 몰랐다. 그 상태로는 간병인도 구할 수 없는 상황이었다. 장인어른은 섬망 증상이 있을 때, 불안해하며 누군가에게 쫓긴다고 표현하곤 하셨다.

하나님 안에서 죄를 용서받은 적도 없고, 누군가를 용서하지도 못한 채 그 모든 부정적인 감정의 쓰레기를 무의식의 심연에 몰아넣고 살아온 경우, 그 통제력이 상실되면 그것들이 쏟아져 나오는 것 같다. 어찌 보면 그것이 지옥이다. 하나님의 사랑과 평화와 용서로 치유받지 못한 내면은 이미 지옥인 것이다. 간병하던 가족들도 그것을 보았다.

한편 아내는 미국에서 한국으로 쉽게 날아갈 수도 없었기에 간병하는 가족에 대한 미안함과 안타까움으로 날마다 기도했다. 선교사지만 그간 자신 안에 잃어버린 영혼에 대한 간절한 마음이 없었던 점도 대면하면서 하나님 앞에서 회개하고 아파하는 시간을 가졌다. 하지만 분명한 것은, 하나님은 아내의 어떠함과 상관없이 하나님의 약속을 하나님의 때 이루어 가신다는 사실이다.

얼마 뒤 대학병원에서는 더 이상 치료가 어렵다고 했고, 장인어른은 퇴원하셔야 하는 상황이 되었다. 대학병원의 원목 목사님은 장인어른이 병원을 옮기기 전에 복음을 전하고 기도해 드렸다. 하지만 영접을 하겠냐고 물었더니 장인어른은 아직 준비되지 않았다고 답하셨다.

감사하게도 좋은 재활병원을 찾아서 옮기게 되었지만, 장인어른의 섬망은 더 심해지고 재활도 어려워졌다. 나는 과거에 치매에 걸렸던 친할머니가 이성적인 능력을 상실한 가운데도 하나님을 영접하고 그 태도와 마음과 얼굴이 변화되었던 일을 나누면서 처가 식구들에게 권했다. 이제는 더 늦출 수 없으니 장인어른에게 복음이 들어갈 수 있도록 함께 기도하며 노력하자고 말이다.

기도 가운데 하나님의 오랜 기다림 끝에 이제 최후의 순간을 위해 그분께서 일하신다고 생각되었고, 남은 시간이 별로 없다는 마음이 들었다.

마침 우리 사역팀 중 목사님 한 분이 한국 일정 중인 것을 아내가 기억하고, 목사님에게 병원에 방문해서 아버지에게 복음을 전해달라고 부탁했다. 예수 그리스도를 영접하겠냐는 목사님의 물음에 장인어른은 가늘게 "아멘" 하고 대답하셨다. 이후 목사님이 보내준 영접 기도 동영상을 보며 문답 때 계속 "아멘"으로 답하는 장인어른의 눈가에는 눈물이 고였다. 그리고 그 병상에서 세례도 받았다.

놀랍게도 세례받은 다음 날인 12월 21일 이른 아침, 장인어른은 자가호흡이 어려운 상태가 되었고, 결국 하나님의 부름을 받으셨다. 하나님께서는 장인어른의 마지막 항복의 고백을 기다리시며 그 최후의 순간을 늦추고 막판까지 기회를 주셨다. 아내와 나는 급하게 비행기표를 알아보고 한국행 비행기에 몸을 실었다.

아내는 장인어른이 소천하기 전에 기도할 때, 그저 아버지가 구원받는 것에만 만족해야 할지 고민하기도 했다. 혹시라도 하나님께서 아버지를 회복시켜 주셔서 복음을 가진 자로 사는 모습을 볼 수 있지 않을까 기대하면서도, 병간호로 고생하는 다른 식구를 보며 너무 이기적인 바람인 것 같다고 했다.

그런데 한국행을 준비하는 짧은 시간 동안, 우리 부부는 놀라운 소식을 계속 들었다. 몸이 불편한 큰 처남이 아버지가 세례받은 이야기를 듣고 자기도 예수님을 마음으로 영접하고 세례를 받겠다고 했다. 그리고 이 모든 과정을 옆에서 본 작은 처남 부부도 세례를 받기로 결정했다. 가끔 교회에 나가고 하나님께 기도하기는 했지만, 삶의 주인을 예수님으로 모시기를 주저하던 가운데 일어난 큰 결단이었다. 또한 장인어른이 직접 키우며 가장 사랑했던 손녀딸도 예수님을 영접했다. 결국 장인어른을 통해 아내의 친정 온 가족에게 구원이 임한 것이다.

그렇게 아내가 약속으로 붙들고 기도했던 제목이 삼십사 년 만에 신실한 응답으로 돌아왔다. 모든 과정이 아내의 기도에 하나님이 정하신 응답 방법이었다. 더 나아가 이 이야기를 통해 하나님께서는 누군가의 영혼에 파문을 일으키실지 모른다.

장인어른의 장례를 위한 한국행도 마침 미국에서 대학 공부를 하는 딸아이가 우리 댈러스 집을 방문한 타이밍에 이루어졌다. 딸아이가 겨울 방학을 맞은 나머지 아이들을 돌보겠다고 자원해 주어서 가능한 일정이었다.

더욱이 크리스마스를 앞둔 휴가 기간임에도 극적으로 항공권 두 장이 나왔다. 시애틀을 경유해서 인천으로 가는 편이었다. 그런데 시애틀에 머무는 시간이 한 시간 반밖에 되지 않았다. 그런데 아니나 다를까, 댈러스에서 항공기의 출발이 한 시간 반 지연되었다. 조마조마한 가운데 마침

시애틀에서 타는 항공기의 공항 도착도 늦어져서 출발이 두 시간 늦춰졌다는 통보를 받고 안심할 수 있었다. 이 여정 가운데 우리는 매 순간 하나님의 섬세한 돌보심을 체험했다. 단, 그것을 경험하려면 영적 안테나를 세우고 하나님의 인도하심에 세심히 귀 기울이고 반응해야 한다.

장례는 장모님이 다니시는 지구촌교회의 도움으로 기독교식으로 치러졌다. 장인어른 성함 옆에는 '성도'라는 호칭이 붙어 있었다. 그리고 순서지 겉표지에는 '천국환송예배'라고 적혀 있었다. 막판에 이 모든 것이 가능하도록 하루 차이로 아슬아슬하게 일하신 하나님의 타이밍을 생각하며 장모님과 같이 웃을 수 있었다. 웃다가 울다가 은혜 가운데 지나간 장례식이었다.

돌아보면, 아내가 삼십사 년간 가졌던 그 한 소망에 대해 하나님께서는 단 하루, 단 한 시각의 오차도 없이 가족의 구원 여정에 개입하고 계셨다. 우리 입장에서는 오랜 기다림이었지만, 하나님의 시곗바늘은 한 치의 오차 없이 정확하게 그 타이밍을 가리키며 일하고 있었다.

장례 후, 아내의 넷째 이모님이 눈시울을 붉히며 고백했다.

"나는 우리 집안에서 가장 먼저 신앙을 가진 후에 칠 남매의 가족 구원을 놓고 기도하면서 그 마음의 짐이 너무 버거웠어요. 그런데 어느 날, 너무 힘들다며 기도할 때 하나님께서 '그것은 네가 하는 것이 아니라 내가 하는 것이다'라는 말씀을 주셨어요. 그러고는 마음의 짐을 내려놓고 하나님의 약속이 이루어지기를 기다렸어요."

아내의 기도 이전에 넷째 이모님의 오십 년에 걸친 약속의 성취를 위한 기다림과 기도가 있었다. 그리고 하나님께서는 특별한 타이밍에 늦지 않으시고 그 기도에 응답해 주셨다. 이렇게 우리 각자의 기도가 씨줄과 날줄이 되어 하나님의 약속 안에서 오랜 기다림을 통해 구원의 역사를 이루어간다.

당대에 이루어지지 않는 약속

조지 뮐러는 평생 많은 기도 응답을 받은 사람으로 알려져 있다. 그런데 그는 평생에 걸쳐서 두 친구의 구원을 위해 기도했다. 그중 한 명은 조지 뮐러가 죽고 나서 오랜 시간이 지나서야 예수님을 영접했다고 한다.

우리가 소망으로 품고 기도하는 것이 모두 우리 당대에

이루어지지는 않음을 본다. 하나님의 약속을 품고 오래 기다리는 시간을 갖지만, 어떤 약속은 내 대에 이루어지는 것을 보지 못하는 예도 있다.

하나님께서 지친 엘리야를 위로하고 회복시키며 말씀하시기를, 하사엘에게 기름부어서 아람 왕이 되게 하고, 예후에게 기름부어서 이스라엘 왕이 되게 하고, 엘리사에게 기름부어 그의 뒤를 잇게 하라고 하셨다. 앞으로 새로운 세상에 새로운 권력이 올 것에 대한 말씀이었다. 하지만 엘리야는 엘리사에게만 기름부었을 뿐, 나머지 두 예언이 이루어지는 것을 보지 못하고 하늘로 들려 올라갔다. 그것은 그의 후임 선지자인 엘리사 시대에 열릴 일이었기 때문이다.

아브라함 역시 하나님이 약속하신 것을 모두 보지는 못하고 죽었다. 아브라함의 삶과 그가 받은 약속에 대해 신약 시대에 스데반 집사가 예루살렘에서 그를 적대하는 대중을 향해 설교한 부분이 있다.

우리 조상 아브라함이 하란에 있기 전 메소보다미아에 있을 때에 영광의 하나님이 그에게 보여 이르시되 네 고향과 친척을 떠나 내가 네게 보일 땅으로 가라 하시니 아브라함이 갈대아 사

람의 땅을 떠나 하란에 거하다가 그의 아버지가 죽으매 하나님
이 그를 거기서 너희 지금 사는 이 땅으로 옮기셨느니라 그러나
여기서 발붙일 만한 땅도 유업으로 주지 아니하시고 다만 이 땅
을 아직 자식도 없는 그와 그의 후손에게 소유로 주신다고 약속
하셨으며 행 7:2-5

스데반은 아브라함이 받은 자손과 땅에 대한 약속을
자세히 설명한다. 그리고 그가 약속으로 받은 땅을 당대
에는 소유하지 못하고, 그 땅에서 나그네로 살았다는 사
실을 상기시킨다. 아브라함은 살아생전에 하나님이 주신
약속이 다 이루어지는 것은 보지 못했지만, 여전히 그 약
속의 실현을 믿고 살아갔다.

아내 사라가 죽었을 때, 아브라함은 헤브론 땅에 거주
하던 헷 족속 가운데 하몰에게서 사라를 장례할 막벨라
굴과 그에 인접한 밭을 은 사백 세겔에 사들인다. 은 일 세
겔은 대략 나흘 치 노동자 임금이니 사 년 삼 개월 치 임금
을 땅값으로 지불한 셈이다.

땅 주인이었던 하몰이 그 땅을 거저 줄 의사도 밝혔지
만, 아브라함은 굳이 비용을 치르겠다고 했다. 그 헤브론
지역의 막벨라 굴도 하나님이 주실 약속의 땅 안에 있으니

거저 받아야 한다고 생각할 수 있지만, 아브라함은 하나님의 약속의 성취를 기다리며 자신도 그 땅의 일부를 얻기 위해 값비싼 대가를 내고자 했다. 하나님의 약속의 성취는 하나님과 자신의 공동투자라고 인식했기 때문이다.

그 땅에 대해 스데반은 계속 설명한다.

야곱이 애굽으로 내려가 자기와 우리 조상들이 거기서 죽고 세겜으로 옮겨져 아브라함이 세겜 하몰의 자손에게서 은으로 값 주고 산 무덤에 장사되니라 행 7:15,16

아브라함이 믿음으로 대가를 치르고 사들인 그 땅은 애굽으로 들어간 자손들의 마음 가운데 다시 돌아가야 할 약속의 땅의 중심이 된다. 아브라함은 하나님의 약속이 자기 당대로 끝나는 것이 아니라, 자자손손 이어지며 이루어질 것을 알았다. 그래서 자기 몫으로 요구되는 믿음의 투자를 했다.

우리는 하나님의 약속이 우리 때 다 이루어지는 것을 보지 못하고 인생을 마무리할 수도 있다. 그래도 괜찮다. 왜냐하면 그만큼 큰 약속을 소유한 것이기 때문이다.

이 하나님의 약속을 가지고 설교했던 스데반은 분노한

군중에 의해 그 자리에서 돌에 맞아 순교하고 만다. 유대인 군중은 그를 살해하면 그의 믿음과 약속에 대한 소망을 소멸시킬 수 있다고 믿었다. 그러나 놀랍게도 그의 믿음과 소망은 그 자리에서 돌로 치던 자들의 옷을 맡아주며 증인이 된 사울이라는 청년을 통해 이어진다.

스데반이 받았던 예수 그리스도를 통해 확증된 소망은 그의 순교로 끝난 것이 아니라, 오히려 다음 주자에게 넘겨져 새로운 믿음의 역사를 만들어간다. 우리가 받은 약속이 성취되기 전에 우리의 삶이 먼저 마무리될지라도 신실하신 하나님은 그다음을 준비하고 일하신다.

하나님의 신실하심으로

하나님의 약속은 얼마든지 그리스도 안에서 예가 되니 그런즉 그로 말미암아 우리가 아멘 하여 하나님께 영광을 돌리게 되느니라 **고후 1:20**

하나님은 우리에게 복 주시기를 원하신다. 그리고 성경에서 우리에게 수많은 약속을 주셨다. 우리는 그 약속을 그리스도를 믿는 믿음으로 취할 수 있다. 하나님의 약속의 성취로서 그리스도가 이 땅에 오셨다.

우리는 그리스도 안에서 믿음을 가지고 "예"와 "아멘"으로 고백하며 그 약속을 우리 것으로 소유한다. 성령의 감동으로 찾아오는 약속의 말씀을 붙들고 기도로 나아가며 약속의 성취를 이루시는 하나님을 경험하고 누린다.

단, 그것이 진짜 우리 것이 되기 위해서는 우리 태도와 동기가 기다림 가운데 테스트를 받고 드러나는 과정을 거친다. 하나님의 약속이 이루어지는 과정에는 우리가 버거운 부담으로 씨름하고 인내하는 시간도 패키지로 들어 있다. 하나님의 복의 약속은 결국 우리의 순전함과 성숙을 통해 진정 우리 것이 되기 때문이다. 때로는 우리가 연약하고 부족해도 하나님께서는 우리 안에 소원을 두시고, 당신의 신실함에 근거하여 하나님의 시간표에 맞추어 그 약속을 이루어 가신다.

　또한 하나님께서는 우리에게 받은 복을 다시 내려놓을 수 있는지 물으신다. 우리가 복에 걸려 넘어지거나 그것이 우상이 되지 않도록 하시기 위해서다. 약속하신 것을 뺏기 위해서가 아니라, 그것이 우리에게 진정한 복이 되도록 하시기 위해서다. 그 과정에서 우리에게 주신 최고의 약속은 신실하신 하나님 자신을 우리에게 선물로 주시는 것임을 깨닫게 될 것이다.

　하나님은 당신의 특별한 약속을 주는 대상으로 아브라함과 다윗을 선택하셨다. 왜 그들을 택하셨을까? 당시 사람들이 볼 때 그들은 특별한 것 없는 평범한 인물이었다.

하나님은 그런 자들을 택해서 헤브론 땅에서 기틀을 잡게 하셨다. 그 땅은 부동산 전문가나 역사학자가 볼 때 하나님께서 민족과 열방에게 복 주시겠다는 약속을 이루기에는 적합해 보이지 않는 땅이었다. 산지에 물도 부족하고 국제 교역로와의 접근성도 떨어지는 버려진 땅이었다.

이후 다윗이 도성으로 택한 예루살렘도 마찬가지였다. 제국의 도성을 세우기에는 부족한 땅이었다. 예루살렘은 산악 지대 꼭대기에 있어 기혼 샘에 의존해서 생존해야 했으므로 물 공급이 제한적이고 농업에 불리하며 외부와의 교역도 어려운 지역이었다. 이처럼 문명을 건설하기에는 불편하고 고립된 지역을 하나님께서는 당신의 약속을 이루어 가는 중심지로 택하셨다. 이 불가능의 땅에서 평범한 인물을 필두로 약속을 이루어 가셨다. 그것이 하나님께서 나와 여러분을 선택하고 약속하시는 이유다.

그럼에도 불구하고 그 약속을 이루는 과정에서 아브라함은 우물을 파고 생존을 위해 일해야 했다. 막벨라 굴을 돈 주고 사야 했다. 다윗은 전쟁을 해서 예루살렘을 탈취하고 그 성을 개발하는 수고를 해야 했다. 하나님과 사람이 같이 투자해야 했다.

또한 그 약속은 그 약속을 받은 당사자를 위한 것이라

기보다는 그 자손과 민족과 열방을 위한 것이다. 그렇기에 당대에 그 약속이 다 이루어지지 않고 여러 대를 지나며 확인된다. 따라서 '약속의 성취가 우리 눈에 직접 확인되는가'는 중요한 문제가 아닐 수 있다.

이 책은 결국 '하나님의 신실하심'에 관한 이야기다. 하나님은 신실하셔서 우리의 인생을 의탁할 수 있는 분이다. 다윗은 그 하나님을 목자로 비유했다. 하나님의 약속 성취의 여정을 살아냈던 아브라함도, 다윗도 목자의 삶을 살았다.

다윗이 양을 치던 유대 광야는 푸른 초장이 거의 없었다. 일 년에 약 두 달뿐인 우기에 비가 내리면, 산등성이에 잠시 푸른 빛이 돌고 계곡에 흐르는 개울이 생긴다. 하지만 건조한 시기에는 양이 스스로 물과 풀을 얻을 수 없어서 온전히 그 삶을 목자에게 맡겨야 한다. 목자는 풀이 남은 지역을 찾아서 산등성이를 돌고 돌아 산 위의 초지로 양 떼를 인도한다.

시편 23편 3절의 "의의 길로 인도하시는도다"라는 다윗의 고백에 나오는 "길"은 바로 이 끝없이 돌고 돌아 올라가는 좁은 산길을 의미한다. 가파른 길로 가면 위험하기에

산을 둘러 돌아가는 길로 인도하는 목자를 따라 양은 생명의 장소로 이동하는 것이다. 양이 살길은 목자의 신실함에 삶을 전적으로 의존하는 것뿐이다.

예수님이 우리 인생의 목자가 되신다는 말은 바로 이런 온전한 위탁의 삶을 전제로 한다. 목자가 양의 안전과 생명을 지키며 초지로 이끌듯이 예수님도 우리의 삶을 보호하고 지탱하며 목적지로 인도하신다고 굳게 약속하신다.

우리는 양 같아서 초원에서 땅만 보고 풀을 뜯다 보면 어느새 목자와 멀어져 있는 것을 깨닫게 된다. 그때는 그저 자신의 위치에서 목자의 소리를 듣고 그 방향을 향해 달려가면 된다. 신실한 목자를 기억하고, 그분을 따르는 길이 살길임을 인식하며, 그 부르시는 소리에 반응하면 된다.

하나님께서는 약속에 대한 신뢰가 사라져서 낙담하던 아브라함을 찾아오셔서 밤하늘의 별을 보여주시며 당신이 어떤 분인지를 그에게 상기시키시고 그가 믿음을 회복할 수 있도록 도와주셨다.

근래에 나는 집회에서 말씀을 전하고 글을 쓰는 것에 소망을 잃고 자괴감에 빠져 있었다. 가까이 있는 이민교회에서 주기적으로 말씀을 전했는데, 사람들이 말씀 시간에는 눈물을 흘리고 또 은혜받았다고 말하지만, 여전히 삶의 자세나 행동이 바뀌지 않는 경우를 보았기 때문이다.

한번은 한 성도로 인해 배신감과 좌절감에 마음이 눌렸었다. 마음이 힘드니 몸도 무겁고 여기저기서 경고신호가 왔다. 그때 또다시 미주로 말씀을 전하러 가는 일정이 있었다. 우리 캠퍼스 일도 산더미 같은데 나의 사역과 특별히 관계도 없는 곳에 가서 말씀을 전하며 에너지를 쏟아붓고 오는 게 앞뒤가 맞지 않게 느껴졌다. 비행기에 몸을 실은 채 기도하면서 투덜거렸다.

'하나님, 어차피 제 메시지로 바뀔 사람도 없을 텐데요. 왜 자꾸 힘들게 밖으로 나가 말씀을 전하게 하시나요? 솔직히 집회에 기대감이나 자신이 없어요. 어차피 안 바뀔 사람은 안 바뀌잖아요.'

그 일정 중, 뉴욕의 어느 교회에서 말씀을 전할 때였다. 한 사람이 내게 반갑게 인사했다. 기억을 더듬어 보니, 이십이 년 전 내가 보스턴에서 공부하던 때 첫 단기선교로 호피 인디언 부족에게 선교하러 가서 그 분을 만난 적이 있었다. 그 집사님은 당시 인근 지역에 거주하면서 호피 마을 교회를 도왔었다.

그가 난데없이 내게 기쁜 소식이라며 말했다.

"그때 선교사님의 교회팀이 와서 전도 집회를 하면서 결신한 아이들이 있었잖아요? 그중 한 친구가 사역자가 되기로 하고 신학교에 입학해서 이번에 전도사가 되었어요."

나는 당시를 회상해 보았다. 우리는 그 마을에 들어가면서 중고등부 사역을 준비했다. 그런데 막상 가보니 아직 그 지역의 학교가 방학하기 전이었다. 한편, 마을 길거리마다 미취학 어린아이들이 가득한 것을 보고 우리는 계획을 바꿔서 어린이 성경학교를 열었다. 성경학교 마지막 날에는 결신의 시간을 갖기로 하고 기도하면서 준비했다.

그런데 마지막 날 아침, 함께 간 담임목사님이 내게 아이들의 결신을 위한 설교를 준비하라고 했다. 영어로 하는 첫 설교였고, 무엇보다 하나님을 모르는 아이들 눈높이에 맞추려니 어렵고 긴장되었다.

그날 저녁, 나는 가까스로 말씀을 마쳤고, 예수님을 믿기로 결단하는 사람은 일어나라고 초청했다. 그러자 한 아이가 주저앉아서 울기 시작했다. 예수님이 믿어지기는 하지만 일어설 용기가 없다고 했다.

아이는 어렸지만, 영적으로 그 상황을 정확하게 이해하고 있었다. 예수님을 따르기로 작정하는 건, 자기 부족의 전통과 분리되는 것을 의미했다. 그래서 아이는 예수님을 믿고는 싶지만, 그분을 따를 자신이 없어 울었던 거였다. 그 와중에 여러 아이가 결신하며 일어섰다. 집사님은 그때 결신했던 아이 중 한 명이 전도사가 됐다는 거였다.

그 이야기를 들은 날, 집회를 마친 늦은 시간에 하나님이 내게 이렇게 말씀하신다고 느꼈다.

'네 설교에 사람들이 바뀌지 않을 거라고 지레 실망하며 말씀 전할 이유를 찾지 못하겠다고 했지? 그런데 누군가는 바뀌지 않았니? 모두가 바뀌지는 않겠지만, 내가 예비한 영혼들은 말씀에 반응할 거란다.'

나는 이 감동을 약속으로 받았다. 당신이 예비한 영혼들을 보내셔서 나의 섬김 가운데 변화시키고 세워가신다는 약속이었다. 하나님께서 말씀 사역에 기대를 잃은 나를 집사님의 입을 통해 권면하고 위로하셨다는 생각이 들었다. 나는 때를 얻든지 못 얻든지 그분의 말씀을 전해야 했다.

그 일 이후, 나는 비로소 이 책의 집필에도 마음을 열 수 있었다. 그리고 하나님이 이 책에 주신 약속을 신뢰하며 십 개월의 잉태의 시간을 지나 집필을 마무리했다.

감사의 글

안식년 기간, 이 책을 쓸 수 있도록 함께해 준 가족들에게 감사한다. 늘 삶의 이야기와 간증의 소재로 인용되는 것에 대한 불편함을 수용하고 기꺼이 허락해 준 아내에게 고마움을 전한다.

아내는 내 영감의 실마리가 되어주었다. 내가 책을 구상하는 과정에서도 동행하고 격려해 주며 든든한 파트너가 되어주었다. 이 글에 녹아 있는 생각의 많은 부분이 아내와의 대화를 통해 정리된 것이다. 아내가 묵상 중에 내게 전해준 성경 구절도 이 글을 이어가는 데 크게 기여했다. 아울러 처음부터 끝까지 읽으며 꼼꼼하게 교정해 준 그 수고에 감사한다.

자기 이야기를 글에 담는 것을 허락해 준 둘째 서연이에게 감사한다. 글의 소재가 되고 싶지 않아 하는 셋째 하연이와 글의 소재로 등장하고 싶어 하지만 모범생이라 기회를 얻지 못하는 넷째 정연이와 이 여정을 함께한 것은 축복이다.

이 책의 표지 디자인을 맡아서 수고한 첫째 동연이에게 감사한다. 동연이는 내 첫 책에서부터 예화의 주인공으로 쓰임 받다가 이제는 장성하여 아빠와 한 팀으로 책을 만드는 일에 참여했다. 또 동연이를 지지하고 동행해 주는 며느리 은진에게도 감사의 말을 전한다.

나의 안식년 기간에 사역지를 지키며 집필에 집중하도록 도와준 JIU 공동체 식구들에게 깊은 감사의 뜻을 나눈다. 그들은 나와 사역의 간증을 함께 만든 증인들이다.

글을 쓸 수 있도록 사무실을 준비해 주시고, 다양한 배려를 아끼지 않으신 세미한교회 이은상 목사님과 성도님들에게 감사한다. 특히 예배 가운데 집필에 필요한 깊은 묵상의 자극을 받고 영감을 얻곤 했다.

내가 이 사역을 계속 꾸려갈 수 있었던 데는 남모르게 조용히 후원해 주신 수많은 손길이 있었다. 이들의 헌신과 기도가 내가 오늘날 고백하는 하나님의 손길이 되어 인도네시아에서의 대학 사역을 도왔다. 중보기도와 후원으로 도우신 손길에 이 자리를 빌려 깊은 감사의 말씀을 전한다.

이 책을 쓰도록 계속 격려하고 지지해 준 규장 출판사의 여진구 대표님에게도 감사드린다. 고된 편집 과정 가운데 기쁘게 수고를 감당해 준 김아진 실장님과 편집팀, 디자인팀에게도 깊은 감사의 마음을 전한다.

약속

초판 1쇄 발행	2025년 2월 28일
지은이	이용규
펴낸이	여진구
책임편집	김아진 정아혜
편집	이영주 박소영 최현수 구주은 안수경 김도연
책임디자인	노지현 ǀ 마영애 조은혜 정은혜
홍보·외서	진효지

마케팅	김상순 강성민	**마케팅지원**	최영배 정나영
제작	조영석 허병용	**경영지원**	김혜경 김경희

303비전성경암송학교 유니게 과정
이슬비전도학교 / 303비전성경암송학교 / 303비전꿈나무장학회

펴낸곳　　　규장

주소 06770 서울시 서초구 매헌로 16길 20(양재2동) 규장선교센터
전화 02)578-0003 **팩스** 02)578-7332
이메일 kyujang0691@gmail.com
페이스북 facebook.com/kyujangbook
카카오스토리 story.kakao.com/kyujangbook
등록일 1978.8.14. 제1-22

홈페이지 www.kyujang.com
인스타그램 instagram.com/kyujang_com

ⓒ 저자와의 협약 아래 인지는 생략되었습니다.
이 출판물은 저작권법에 의해 보호를 받는 저작물이므로 무단 전재와 무단 복제를 할 수 없습니다.

책값 뒤표지에 있습니다.
ISBN 979-11-6504-598-2 03230

규ǀ장ǀ수ǀ칙

1. 기도로 기획하고 기도로 제작한다.
2. 오직 그리스도의 성품을 사모하는 독자가 원하고 필요로 하는 책만을 출판한다.
3. 한 활자 한 문장에 온 정성을 쏟는다.
4. 성실과 정확을 생명으로 삼고 일한다.
5. 긍정적이며 적극적인 신앙과 신행일치에의 안내자의 사명을 다한다.
6. 충고와 조언을 항상 감사로 경청한다.
7. 지상목표는 문서선교에 있다.